Susie Bright

Susie Sexperts Sexwelt für Lesben

Aus dem amerikanischen Englisch
von Birgit Scheuch

Krug & Schadenberg

Susie Sexperts Sexwelt für Lesben

Danksagung

Ich möchte den folgenden FreundInnen dafür danken, daß sie mir ein, zwei Dinge über Sex beigebracht haben: meinen Kolleginnen bei On Our Backs, Debi Sundahl und Nan Kinney, Joani Blank und ihrem einzigartigen Phänomen Good Vibrations, Joelle Vidal, Eric Hodderson, Willie Grover, Honey Lee Cottrell und Carter Herrera. Besonderen Dank an Schwester Lisa LaBia für ihre Hilfe und Unterstützung bei der Vorbereitung dieser Anthologie.

Inhalt

Vorsätzliche Einführung

Susie Sexperts Sexwelt für Lesben – der Titel dieses Buches hätte auch im üblicherweise verwendeten mackademisch fremden Herrschaftssoziolekt heißen können: *Frau und Sexualität, insbes. im Lesbianismus* oder *Praktiken der Sapphistrie* oder *Der Mythos des Tribadismus* etc. pp.

Wir aber mußten unsere „natürlichen" Triebe laufen lassen, Licht in die Dunkelkammer „Lesbianerin" bringen und *es* benennen als was *es* ist: *Sex* von Welt! Und wir versuchen, dem Vorbild unserer USA-Sisters nachzu„kommen", die männliche Sprache auszuziehen, in unserem Sinne instandzubesetzen und aufzuwerten. Hiermit sei Euch auch ein Raufruf an die Möse gelegt, bewußt „Schweinkram" anzuwenden und uns neue obschöne Wörter weiterzutragen.

Wenn es um Sex geht, reden vor allem Frauen lieber von der *-UALITÄT,* denn Sex klingt so reduziert, so pur, so hur. Schlimm, schlimm! Dann doch lieber Liebe, Beziehung und Emotionen im 6-Pack. Genauso wird Erotik (gut) der Pornographie (schlecht) gegenübergelegt, obwohl Porne die erste „Liebesdienerin" war, im Auftrag der Leidenschaft, für keine sonst.

Die deutsche Sprache, extrem lust- und frauenfeindlich (90 Prozent des sexuellen Wortschatzes sind Schimpfwörter für Frauen) und extrem männlich definiert, kennt in diesem Oppositionsdenken die Frau nur umgangssprachlich „vulgär" als Loch oder medizynisch als Hysteria = Gebärmutter = Unterleib, auf jeden Fall negativ. Und hysterisch sind wir ja alle, besonders wenn das PMS, das „prämenstruelle Syndrom" herrscht. Die Hure und die Heilige sind die konsequenten Wortführerinnen dieser Unsichtbarmachung von selbständigem Sex von Frauen. Lesben werden ebenphalls entweder als nymphomanisch = sexbesessen oder als bilitische Bei-Spielerinnen clichiert. Daß Frau Lesbe sich in diesen Zu-Griffen nicht wiederfindet, dennoch durch jahrtausendelange Programmierung codiert ist, drückt sich in einem „Unwohlsein" aus, wie sprachlich und nichtsprachlich „damit" umzugehen.

Was tun? sprach Frau Trotz und sah sich die feministischen Maulwürfe an, die leider auch noch keine befriedigenden Sex-Hilfen für unseren Wort„Schatz" bereithalten: *Luise Puscht,* sich unserer Haare nicht mehr zu schämen und das den testerischen Beuteln und Stengeln zu überlassen. Die Scham ist vorbei, *bellt* auch Frau *Meulen. Mary Daly* verkündet täglich die Reine Lust der Sphinxen und Näxen. *Dale* big*spendert* den Abschied vom „Menglish", und Senta Trömel-*Plötzt* gewaltig daher.

Hier nun kommt die Sexpertin zu Wort und redet unverschämt über Sex, lustvoll und spielerisch. Lesbische Hauptsächlichkeiten und andere nackte Tatsachen werden zwischen die Beine genommen und sexuelle Unmündlichkeiten bloßgelegt. Auch wenn die eine oder andere sich noch daran stößt, unverblümt direkt und umgangssprachlich über Sex zu reden, zu denken oder Sex gar zu praktizieren, wer sagt denn, daß *es* schlecht ist, und wer definiert, wann *es* wie und wo popolitisch korrekt §§ ist?

Und so wollen wir denn freudig ficken, anstatt zu „kopulieren", uns eine rund oder rauf holen, anstatt spermanent zu „masturbieren", in Möse und Arsch reingehen, die Finger im Spiel haben oder handgreiflich werden, anstatt ausschließlich „vaginal oder anal zu penetrieren", die Fontäne springen lassen, anstatt zu „ejakulieren" und alle Möslichkeiten in Erregung ziehen, um pausenlos zu megasmieren. Frauen kommen, langsam, aber immer öfter ...

Natürlich werden immer noch einige Löcher in unserem lesbischen Sexikon zu stopfen sein, und manche Ausdrücke belassen wir besser auf „Menglish", weil es noch keine deutsche Sex-Variante gibt.

Nichtsdestotrotz ist dieses Buch mehr als ein deutsch-deutsches „Vor-Spiel" – richtungs- und stellungsweisend für die lesbische Sexwelt. „Let's have fun" ist die Parole des lesbischen Sexzesses um die Jahrtausendwende. Dornmöschen ist wachgeküßt.

Laura Méritt, Böse Mösen e.V.

Hier kommt Susie Sexpert

Susie Sexpert wurde aus einem Wutanfall geboren, in dem sich ein lange schwelender Zorn Luft machte. 1984 schrieb ich meine erste „Toys for us"-Kolumne, die aus der Welt des Lesbensex berichten sollte, für die Nullnummer von *On Our Backs,* der ersten „Zeitschrift für die abenteuerlustige Lesbe". Ich war stinksauer über die größte Lüge, die jemals erzählt worden war, seit man die Welt zu einer Scheibe erklärt hatte: Lesben haben keinen Sex.

Klar, Lesben werden der Sinnlichkeit, ja sogar der Erotik bezichtigt – einer Erotik, die etwa dieselben Eigenschaften aufweist wie eine hübsche Seifenblase. Aber offen zum Wesentlichen am Sex zu stehen – zu den Spielarten, bei denen dir der Schweiß nur so rinnt, zur *She's gotta have it*-Variante –, damit tun sich die Töchter Sapphos schwer.

Zum Teil sind dumme Heteros an dieser Lüge schuld. Wenn ich denen erzähle, daß ich eine lesbische Sexzeitschrift herausgebe, ist ihre Lieblingsreaktion: „Lesbischer Sex? Ist das nicht ein Widerspruch in sich?" Meine Geschäftspartnerin Debi nennt diese Leute die „Drei-Minuten-Ficker", und damit geht ein Drei-Minuten-Bewußtsein einher.

Aber die restliche Verantwortung tragen dumme Lesben. Ihr – ja, ihr wißt schon, wer gemeint ist. Oder gemeint war. Denn irgendwann waren fast alle von uns mal dumme Lesben. „Faß dir an die eigene Nase", sagt ihr. Das werde ich tun.

Ich wurde in typischer Klein-Mädchen-Manier über Sex aufgeklärt. Das ging ungefähr so:

1. Mädchen wissen nicht viel über Sex, und mehr brauchen sie auch nicht zu wissen.
2. Mädchen brauchen Liebe, nicht Sex.
3. Orgasmus? – Kannst du dir abschminken!

Die frühe Frauenbewegung warf diese Ansichten auf den Müll, und schneller als dir „Leck mich" über die Lippen kommt, offenbarten eine unerhörte Zahl von Frauen ihre sexuellen Gelüste. Vom „Mythos des vaginalen Orgasmus", der in Shere Hites erstem Report eindrucksvoll demontiert wurde, bis zu lesbischen Sex-Manifesten wie „Lesbenlust – Lesbenlast – Lesbenliebe" in *Unser Körper, unser Leben* verbreiteten dreiste Frauen ihre sexuellen Wahrheiten. Die New Yorker Künstlerin Betty Dodson schrieb Geschichte mit ihrer ersten illustrierten Broschüre *Liberating Masturbation,* in der sie ihre Leserinnen aufforderte, ihre Mütter anzurufen und sie zu fragen: „Mami, befriedigst du dich selbst, bis du kommst?"

Auf den G-Punkt gebracht, bestand die Aufgabe darin, deine Klit zu finden, zu lernen, wie du dir Orgasmen verschaffst, deine sexuelle Neugier voll auszukosten und dir von niemandem, ganz besonders nicht von Männern, erzählen zu lassen, wie oder wann du zu kommen hast. Na also, da haben wir es! Ein militanter, handgreiflicher Anfang für die sexuelle Revolution der Frauen.

Aber Lügen und Ängste sind zählebig. Während die neue Generation feministischer Lesben wild darauf war, über sich selbst zu reden – und ebenso erpicht, neue Entwürfe für die weibliche sexuelle Identität vorzustellen –, erwiesen wir uns als schüchtern und wortkarg, wenn es darum ging zu beschreiben, was Lesben wirklich im Bett tun. Statt dessen ergingen wir uns in einem großen Ablenkungsmanöver: „Was wir nicht tun dürfen", sprich heterosexuellen Praktiken nachgehen. Und wodurch zeichnet sich Heterosexualität aus? Durch Maskulinität? Was genau heißt das? Eine böse Falle, in die wir da getappt waren.

Die lesbisch-feministische Sextheorie beschränkte sich darauf, ihr Vokabular von allem Aggressiven, an Männliches Gemahnende und Nicht-Ovalen zu säubern. Der Großteil der lesbischen Medien predigte sexistische Klischees über „die Natur des Mannes" und „die Natur der Frau", die von der Kanzel religiöser Fundamentalisten hätten stammen können. Und als sich die Spaltung in der feministischen Sexualpolitik in den achtziger Jahren vertiefte, verhärteten sich diese Klischees.

Männern wurde unterstellt, von Natur aus aggressiv zu sein, zur Promiskuität zu neigen und Menschen zum Objekt zu machen. Sie seien ausschließlich genital fixiert, sexsüchtig, neigten zu gefährlichen Masturbationspraktiken, die Pornographiekonsum einschlössen, und müßten ganz allgemein gebändigt werden, damit ihr aktives Streben nach Sexualität nicht zu einer Gefahr für die Öffentlichkeit würde.

Wir Frauen hingegen wurden für unsere natürliche sexuelle Zurückhaltung und unsere monogame Natur gepriesen; dafür, daß wir unsere Begierden mit romantischer Liebe gleichsetzten und unsere Sexualität mit einer allumfassenden, nicht ausschließlich auf die Genitalien fixierten Sinnlichkeit. Sexuelle Lust, so hieß es, hätte für Frauen keine Priorität. Und Pornographie schließlich werde von Frauen weder benutzt noch hergestellt, noch genossen. Und wenn du all das glaubst, wirst du in den Himmel kommen.

Diese theoretischen Grundlagen schufen die Voraussetzungen dafür, daß die traditionelle Rechte konservative feministische Phrasen benutzen konnte, um Liberale und gutgläubige MitläuferInnen zum Feldzug gegen „das Übel" Pornographie aufzurufen. Das liberale Amerika mag zwar bereit sein, von der Ansicht abzurücken, „Frauen gehören an den Herd", aber der Gedanke, Frauen vor „pornographischer Gewalt" – die neue schönfärberische Phrase für das „Böse im Herzen der Männer" – beschützen zu müssen, entpuppte sich als Medienhit. Kein Geringerer als der selbsternannte Feminist Edward Meese, Ronald Reagans rechte Hand in Sachen Moral, fand die Anti-Porno-Bewegung der Frauen so reizvoll, daß er ihre prominenteste Vertreterin, Andrea Dworkin, einlud, bei einer Reihe von Anhörungen auszusagen, die darauf abzielten, den Zusatz 1 der amerikanischen Verfassung, das Recht auf freie Meinungsäußerung, in bezug auf sexuelle Themen für nichtig zu erklären und auf diese Weise zwanzig Jahre Fortschritt in Sachen sexuelle Befreiung und sexuelle Bürgerrechte rückgängig zu machen. Der Bericht der Meese-Kommission, zwei dicke Wälzer voller protokollierter „fachkundiger" Aussagen, ist eine surreale Mischung aus fundamental-religiösem und feministischem Sittenpolizei-Geschwafel – durchsetzt mit dem wildesten Schweinkram, den sie ausgraben konnten. Ich selbst bin bis zum Ende des ersten Bandes dreimal gekommen, aber die wenigen Augenblicke genitalfixierten, zielstrebigen Vergnügens wurden durch die Hochzeitszeremonie zwischen den schlimmsten Beschützer-Phrasen der Rechten wie der Liberalen aufs widerwärtigste getrübt.

Unterdessen hinterließen die sexuellen Entdeckungen ihre eigenen Spuren im Sexleben der Frauen, die Erotik erblühte mächtig – aber kaum eine sprach darüber. *Good Vibrations*, der einzigartige Vibrator-Laden für Frauen, in dem ich fünf Jahre arbeitete, war ein Beichtstuhl voller Dynamit. Täglich unterhielt ich mich unter dem Vorwand, Vibratoren, Dildos, Erotikbücher und Gleitmittel zu verkaufen, mit Frauen bis ins kleinste über ihr Sexleben. Die Frauen gaben ein unglaubliches Unwissen und schockierende Selbstzweifel (sogar Selbstzensur) preis – und dabei waren dies schon diejenigen, die es wagten, einen solchen Laden überhaupt zu betreten.

Das Hauptproblem der meisten Frauen, so stellte sich heraus, war die Tatsache, daß sie keinen Orgasmus kriegten oder daß sie nicht kontrollieren konnten, wann oder wie sie einen bekamen. Männer beklagen sich nie, daß sie nicht wüßten, wie sie einen Orgasmus kriegen, oder daß sie noch nie gekommen seien. Niemals. Das ist kein Naturgesetz, sondern Unterdrückung.

Für meine Gespräche mit den Kundinnen bei *Good Vibrations* waren bereits meine Grundkenntnisse völlig ausreichend. Es war mir fast peinlich, einer Frau bloß die Zeichnung einer Klitoris und eines G-Spots zu zeigen und zu sehen, wie sich eine ihrer Hauptsorgen der letzten zehn Jahre in Luft auflöste.

Lesbische Beziehungen entfesselten dieselbe Leidenschaft und all die üblichen, mit dem weiblichen Sex verbundenen Probleme, nur um ein vielfaches verstärkt. Selbst Lesben, die nicht von einer sexfeindlichen Strömung des Feminismus indoktriniert worden waren, ließen ihr Sexleben oft von Geheimniskrämerei und Scham leiten. Du brauchst kein Grundsatzpapier, um zu erklären, warum dir deine sexuellen Begierden vielleicht peinlich sind und dich verunsichern. Frauen werden von Kindheit an mit sexuellen Selbstzweifeln geimpft. Die lesbische Orientierung führt dich nicht automatisch aus dem Land der weiblichen Unsicherheit und der Unkenntnis deiner sexuellen Prioritäten heraus. Auch die feministischen Lesben konnten ihren Begierden nicht ins Gesicht sehen – was war die „richtige" Art, Sex zu haben? Die „richtige" Art erlaubte etwa genau eine Variante. Als ich das erste Mal einem zerknirschten Lesbenpaar über den Ladentresen erzählte, daß „Penetration ebenso heterosexuell wie Küssen" sei, hörte ich eine ganze Rolle Groschen fallen.

In den frühen achtziger Jahren tauchte noch eine andere Gruppe von Frauen auf. Es war ein überraschend bunter Haufen von Frauen, die ihre vibrierenden Zauberstäbe einstöpselten und sangen: „Die Wahrheit wird dich befreien." Ihre Geisteshaltung verkörperte die sexuelle Revolution, nach der ich mich gesehnt hatte – all das, was Susie Sexpert immer predigte. Diese Frauen – einige aus meiner Generation, einige älter – hatten kapiert, daß wir keine sexuelle Revolution angestiftet hatten, um uns dann mit den Worten „Sex? Nein danke – wir sind lesbisch!"

zurückzulehnen. Wir waren mit Feuereifer bei unserer politischen Mission und unserem sozialen Engagement. Andere Frauen – und diese Mädels faszinierten mich – ignorierten schlicht die quälenden Stadien, die ich durchmachen mußte. Sie nahmen die Früchte der Frauen- und Lesbenbewegung einfach als gegeben hin und stellten nur eine Frage: „Was noch?" Sie forderten Produkte, Dienstleistungen und ein gesellschaftliches Leben, das einer sexuell befreiten und sich selbst akzeptierenden Frau angemessen ist. Sie lehnten die Vorstellung ab, daß sie weiterhin für ihre Befriedigung büßen sollten. Einige ältere Frauen fanden sie undankbar und unpolitisch. Ich fand sie erfrischend – sie sind der lebendige Beweis dafür, daß wir die Welt tatsächlich verändert haben.

Welch eine Befriedigung, Frauen mit den Worten bekanntzumachen, die unser Sexleben beschreiben, mit Bildern unserer Körper und Begierden bis hin zu dem Vertrauensverhältnis, das nötig ist, um von den gewöhnlichen wie außergewöhnlichen sexuellen Erfahrungen anderer Frauen zu hören – es führt kein Weg mehr zurück. Sexuell gibt es nichts Neues unter der Sonne. Aber es gibt immer noch so viel Schatten. Darüber zu reden, zu schreiben, die Heimlichkeit zu beenden hat uns ans Licht gebracht.

Und hier noch einiges zur Geschichte von Susie Sexperts Kolumne in *On Our Backs:* Fast alle der folgenden Essays sind als Kolumnen unter dem Titel „Toys for us" erschienen. „Toys for us" war eine spontane Idee im Zusammenhang mit der Geburt einer Lesbensexzeitschrift. Ich spielte mit dem Gedanken, eine Briefkastentante zu werden. Doch bald hatte ich keine Lust mehr, auf die Fragen von vorgestern zu warten. Anfangs ergötzte ich mich daran, einen Verbraucherinnenbericht über Sexspielzeuge zusammenzustellen. Nach einiger Zeit aber interessierte mich das, was im Intimleben von Lesben als in oder out galt, weit mehr als populärerotische Mechanik.

„Toys for us" hat die Blüte weiblicher Erotika, lesbischer Videos und lesbischer „Pornostars", feministischen S/M, die Entdekkung des G-Spots, die Neuen Butches/Femmes und die noch neueren Lippenstift-Lesben, die Sexfeldzüge der Meese-Kommission, AIDS und Safer Sex miterlebt. Jetzt, fünf Jahre später, führen mir Schwangerschaft und Muttersein die Feder. Wird *Susie Sexperts Sexwelt für Lesben* sich zu einer Kolumne für Babypflege entwickeln? Holt euch eine frische Windel, und wischt euch das Grinsen vom Gesicht.

Susie Bright
Februar 1990

Das erste Mal

Keines der bekannten Meinungsforschungsinstitute hat es bisher für nötig gehalten, Lesben nach ihren liebsten Sexspielzeugen zu fragen. Dasselbe gilt für die Marktforschungsinstitute. Doch mit dem Debüt von *On Our Backs, der „Zeitschrift für die abenteuerlustige Lesbe"*, kann jetzt jede von uns mit faszinierenden Statistiken und fachkundigen Übertreibungen aufwarten.

Für einige glückliche Mädchen waren improvisierte Sexspielzeuge unerläßlicher Bestandteil ihrer kindlichen Sexualität. Doktorspiele bildeten da nur die Spitze des Eisberges. Denkt nur an die kleine Felice, die jedesmal, kaum daß sie vollgeladen war, Mamas vibrierende Waschmaschine bestieg. Oder an Michèle, die einen Lackstöckel in ihr Unterhöschen steckte und bis zum Delirium im Haus herumschlenderte. Für Kinder der Sixties, wie mich selbst, gehörten Geschichten von elektrischen Zahnbürsten zum Alltag, ja waren geradezu banal.

Trotz einer solch vielversprechenden Einführung in die Welt der Sexspielzeuge gaben viele junge Frauen mit dem Eintreten der Pubertät die in ihren Augen kindischen Schätzchen und Spielchen oder – schlimmer noch – die Selbstbefriedigung an sich auf.

Für all diejenigen, die damals Pandoras Spielzeugbüchse versiegelten, ist es jetzt höchste Zeit, Erlösung zu suchen. Ja, ja, ich kenne die Entgegnung, die dir auf deiner müden Zunge liegt: „Aber ... ich *brauche* keinen Vibrator!" Natürlich *brauchst* du keinen Vibrator. Du *brauchst* auch keinen Spaß zu haben. Du *brauchst* keine phantastischen Empfindungen und Abenteuer. Mit ein bißchen Wasser und Siebzehnkornbrot kommst du vermutlich auch ganz gut über die Runden. Ich schlage allerdings vor, daß wir uns anstelle der reinen Überlebenstechniken mit unseren Bedürfnissen, Träumen, Trieben und insbesondere mit unseren Begierden befassen. Ein Vibrator öffnet das Tor zu einer Welt reizvoller Erfahrungen. Dasselbe gilt für den Dildo, für ein schnukkeliges kleines Outfit, eine Pfauenfeder und warme Duftöle. Und als Beilage gibt's einen Analdildo. Jetzt hat jede Lesbe dank Verbraucherinnen-Information und des gesunden Triebes, sich zu vergnügen, die Chance, die Welt der Sexspielzeuge zu ergründen.

Fangen wir mit den wichtigsten Haushaltsgeräten an. Netzbetriebene Vibratoren sind aus folgenden Gründen den batteriebetriebenen Modellen vorzuziehen:

1. sie halten jahrelang
2. sie erzeugen ein starkes, angenehmes, gleichmäßiges Vibrieren und
3. sie werden von namhaften Firmen hergestellt, die sich ihren Kundinnen verpflichtet fühlen.

Batteriebetriebene Vibratoren bestechen durch delikate Formen sowie Empfindungen, die durchaus lustig sein können, aber du wirst dem kleinen Scheißding nie verzeihen, wenn es im entscheidenden Moment den Geist aufgibt. Im allgemeinen leben batteriebetriebene Vibratoren einige Monate, und nicht Jahre wie netzbetriebene, die zudem einfach mehr Saft haben. Natürlich gibt es einige bemerkenswerte Ausnahmen. Das Allerwichtigste ist, zunächst einmal die Schatzkiste zu öffnen und etwas auszuprobieren.

Ein Dildo kann eine saftige Zucchini oder eine zarte Form aus Silikon sein. Technisch ausgedrückt ist ein Dildo jedes Gerät, das dem Vergnügen vaginaler oder analer Penetration dient. Er sollte aus einem hautfreundlichen Material sein, das sich beim

Gebrauch möglichst der Körpertemperatur angleicht. Ich machte einst eine grauenhafte Tortur mit einer Möhre durch, die direkt aus dem Kühlschrank kam. Wenn du dich schließlich mit deinem bevorzugten Modell eingelebt hast, wirst du feststellen, daß Dildos zwar die Gewandtheit deiner Finger fehlt, sie aber nimmermüde Helferinnen sind und die Spielarten der Penetration, die dir Spaß machen, gewaltig vermehren können. Vielleicht erweitern sie auch deine Phantasien-Sammlung um eine ganze Reihe neuer Fälle.

Die Fakten über Dildos sind bei weitem nicht so heftig umstritten wie ihre berühmte Ähnlichkeit mit dem berüchtigten „Penis" und all dem, was dieser verkörpert. Die politische, gesellschaftliche und emotionale Bedeutung des Dildos hält manch eine unglückliche Lesbe im Schwitzkasten. Einmal schrieb mir ein leidendes Lesbenpaar aus Palo Alto, ihr Sexleben sei befriedigend – mit einer winzigen Ausnahme:

„Wir scheinen an einer Art Kater aus unserer Hetera-Vergangenheit zu leiden. Wir beide wollen neben klitoraler Stimulierung auch was in unseren Vaginas spüren. So sehr wir auch versuchen, es uns aus dem Kopf zu schlagen, immer wieder kommt das Thema zwischen uns auf. Könntest Du uns ein paar Informationen über Dildos schicken? Aber bitte ***sehr diskret.****"*

Meine Damen, die diskrete, vollständige und definitive Information über Dildos ist folgende: Penetration ist so heterosexuell wie Küssen. Jetzt kommt die Wahrheit endlich ans Licht! Ficken hat kein Geschlecht.

Und nicht nur das – Penisse können auch nur insofern mit Dildos verglichen werden, als sie Raum beanspruchen. Abgesehen davon, daß Dildos die verschiedensten Formen haben können und sich anders anfühlen, liegt der auffallendste Unterschied in ihrer Dienstbarkeit. Der Dildo kennt kein anderes Verlangen als das deinige oder das deiner Partnerin. Im Umkleideraum von *Good Vibrations* probieren viel zu viele Lesben Dildo und Harnisch an und erwarten, daß das Ding sich selbständig macht. So eine Phantasie mag anfangs aufregend sein, aber tatsächlich ist es befriedigender, sich die Zeit für Experimente und vergnügliche Irrtümer zu nehmen, um herauszufinden, wie du deinen Dildo handhaben mußt, um größtmöglichen Genuß zu gewinnen.

Bald wirst du dich inmitten einer Schar von Gummischätzchen wiederfinden und gezwungen sein, ihnen Kosenamen zu geben: „Wo ist Jo?", „Ist Bumm-Bumm schon abgespült?" und schließlich: „Wie konntest du Emilie nur verleihen?"

G-Spot-Zipperlein

Liebe Susie Sexpert,

***ich habe schon überall gesucht,** aber ich kann meinen G-Spot einfach nicht finden. Ich würde ja gar nicht glauben, daß das doofe Ding existiert, wenn meine Freundin beim Sex nicht jedesmal deswegen abgehen würde. Sie will in der Gegend immer ganz doll gefickt werden, und wenn sie kommt, spritzt sie wie ein Hydrant. Das sieht so lustig aus. Warum kann ich meinen nicht finden?*

Mies drauf in Miami

Liebe Missy,

Deine Freundin muß wohl eine von den Frauen sein, die das Forschungsteam in Beverly Whipples Buch *The G-Spot* erwähnt, jenem kleinen Taschenbuch, das soviel Aufregung verursacht hat. Mitten in ihrem Text dankt die Autorin nämlich einer Gruppe von Lesben aus Miami, die den neugierigen SexualforscherInnen ihre G-Spot-Erfahrungen mitteilten. Während *The G-Spot* denjenigen Frauen Gewißheit und Erleuchtung brachte, die bei vaginaler Penetration zum Orgasmus kommen, löste es bei anderen Frauen Skepsis und Besorgnis aus, wo denn nun dieser magische Knopf sei und wie er funktioniere.

Halbwegs genau gesagt, ist der G-Spot oder Gräfenberg-Punkt (den ein Herr Gräfenberg als erster Mann entdeckt haben will) tatsächlich ein schwammartiges Gebilde, ein bohnengroßes Ding, das sich bei sexueller Erregung mit Blut füllt. Es schützt außerdem die Harnröhre vor allzuviel Druck. Dieser „Punkt" befindet sich einige Zentimeter oberhalb des sogenannten Schambeins direkt vor Deiner Gebärmutter. Eine hervorragende graphische Darstellung der ganzen Geschichte findest Du in *Frauenkörper – Neu gesehen,* illustriert von Suzann Gage. Das ist überhaupt das beste Selbsthilfe-Handbuch, das nach *Unser Körper, unser Leben* erschienen ist. *Frauenkörper – Neu gesehen* bietet eine umfassendere Sichtweise des G-Spots. Es nennt ihn „Harnröhrenschwellgewebe" und beschreibt ihn als Teil der Klitoris. Das heißt, die Klitoris ist nicht nur eine kleine „Perle", die aus ihrer „Kapuze" guckt, sondern vielmehr eine ganze sexuell erregbare Zone, die sich innerlich an der Scheidenwand entlangzieht und die Harnröhre sowie einen Teil der Blase umgibt: ein Schwellsystem aus Haut, Muskeln, Nerven und Blutgefäßen.

Obwohl die Klitoris jeder Frau auf sexuelle Erregung reagiert, will doch jede Frau anders gekitzelt werden. Einige Frauen mögen an der Klitorisspitze stimuliert werden, andere wollen ihren G-Spot ordentlich massiert haben, und wieder andere wollen die flache Seite der Zunge an der Innenseite der linken kleinen Lippe spüren. Unsere Mösen sind ausgesprochene Individualistinnen. Klar hast Du einen G-Spot, aber vielleicht läßt er Dich einfach kalt.

Trotzdem, sagst Du, hast Du das Gefühl, um Dein Vergnügen zu kommen. Und wieder einmal gilt das altbekannte Sex-Motto: „Übung macht Orgasmus!"

Versuch, mit einem Vibrator oder einem Dildo Deinen G-Spot zu erreichen, wenn Du allein bist. Denk dran, er liegt nicht sehr hoch, aber es ist schwierig, ihn mit den Fingern zu erreichen, außer Du hast sehr lange Finger und eine sehr kurze Vagina. Wenn Du eine Partnerin hast, bitte sie, die Finger reinzuschieben, während Du auf dem Bauch liegst. Drücke, reibe und tätschele diese schwammartige Stelle an Deiner vorderen Scheidenwand. Fühlt es sich an, als ob Du aufs Klo müßtest? Wunderbar! Weiter so – nicht aufhören! Merkst Du, wie der Schwamm immer härter und größer wird? Stell Dir vor, Du willst das Zimmer mit Deinem Orgasmus überfluten. Viele Frauen trauen sich über dieses Stadium nicht hinaus, weil sie nicht ins Bett machen oder der Familie keine Schande bereiten wollen. Zu schade! Jetzt oder nie wirst Du ihn haben: Deinen persönlichen, verdienten, endlich-doch-noch-G-Spot-Orgasmus!

Manche Frauen kommen auf diese Weise, ohne zu spritzen. Andere sagen, sie seien zu beschäftigt mit ihrem prima Klitkitzel oder Arschfick, um sich mit irgendwelchen G-Spot-Verrenkungen abzugeben. Den Frauen aber, die ejakulieren, während sie kommen, sei versichert, daß diese Flüssigkeit kein Urin ist, sondern von der Zusammensetzung eher einem samenlosen Sperma ähnelt.

Die gelehrte Absicht des G-Spot-Buches lag darin, zu beweisen, daß Frauen und Männer sexualbiologisch betrachtet ähnlicher sind, als unsere Kultur vermittelt, und ich stimme dem zu. Der G-Spot bzw. das Harnröhrenschwellgewebe entspricht der männlichen Prostatadrüse, einer Zone, die bei Männern zum Orgasmus stimuliert werden kann, und zwar eher durch den After als durch den Schwanz.

Ist Sex nicht faszinierend? Ich hoffe nur, daß Miss Miami ihre sexuelle Nische findet, wo auch immer die sein mag.

Machen Vibratoren süchtig?

Liebe Susie Sexpert,

ich habe Angst, *daß ich nie mehr damit aufhören und wieder auf natürliche Weise kommen kann, wenn ich erst einmal anfange, einen Vibrator zu benutzen. Ich kenne eine Frau, die kriegt nur noch mit ihrem Zauberstab einen Orgasmus, und ich möchte nicht so enden wie sie.*

Rastlose Rita

Liebe Rusty,

anders als Koksen oder Fingernägel kauen macht die Benutzung eines Vibrators weder körperlich abhängig, noch ist es eine nervöse Angewohnheit. Wir leben in einer suchtanfälligen Kultur, und oft erscheint etwas kaum der Mühe wert, wenn Du jederzeit davon lassen kannst. Doch ich glaube, Du wirst das Vibrieren als ein befreiendes Erlebnis empfinden.

Die meisten Leute neigen dazu, sich ein bestimmtes Muster sexuellen Ausdrucks anzueignen und sich daran festzuklammern wie eine Klette, wenn sie erst einmal herausgefunden haben, daß es ihnen zuverlässig Orgasmen beschert.

Meine Wenigkeit zum Beispiel hat von acht bis achtzehn immer in genau derselben Position masturbiert: auf dem Bauch, die Hand unter einen völlig steifen Körper gezwängt, wobei sich ein unternehmungslustiger Finger über die Spitze meiner Klit bewegte. Diese Position war gar nicht so schlecht für ein kleines

Mädchen, aber als ich größer wurde, brach mir diese Praktik fast den Arm und bereitete mir viel Kummer. Ich wußte nicht, wie ich sonst einen Orgasmus bekommen sollte, und meine Versuche mit anderen Methoden waren ein kompletter Reinfall.

Mein erstes Erlebnis mit einem Vibrator hingegen brachte mir ein gewaltiges Erwachen. Seine Intensität bescherte mir an ungeahnten Stellen eine nie zuvor verspürte Vielfalt an Empfindungen. Vibratoren sprengten mein „Sex-Muster", und nachdem dieser Anfang gemacht war, eröffneten sich mir alle möglichen raffinierten und unerhörten Spielarten. Zahllose Frauen können ein ähnliches Loblied singen. Ja, Vibratoren werden Dich oft schneller zum Orgasmus bringen als andere Methoden. Letztendlich wird aber eine heiße Phantasie jeden lahmen Vibrator um Längen schlagen. Doch das Tollste ist, daß Du das Beste aus beiden Welten kombinieren kannst!

Frauen, die das Gefühl haben, mit ihrem Vibrator oder einer anderen Sexpraktik in den immer gleichen Trott verfallen zu sein und dies als schlechte Angewohnheit betrachten, können die *Start-Stop-Methode* ausprobieren. Fang an, Deinen Vibrator wie gewöhnlich zu benutzen, doch wenn Du Dich jenem Gipfel näherst, schalte ihn aus und mach mit Deiner Hand oder mit Deiner Partnerin weiter. Wechsele zwischen den verschiedenen Methoden ab, und laß Deine Erregung spielerisch von einem Reiz zum anderen wandern. Du wirst merken, daß es außerordentlich lustvoll sein, ja Dich zum Wahnsinn treiben kann, wenn Du Deinen Orgasmus durch die Start-Stop-Methode hinauszögerst.

Ein Vorschlag, wenn Du Deinen Vibrator beiseitelegen willst, ist, etwas Erotisches zu lesen oder anzugucken, während Du mit Dir selbst spielst. Ich habe mir gerade eine Platte mit dem Titel *Talk dirty to me* von Pornostar Sharon Mitchell besorgt. Sie könnte für akustische Sexperimente optimal sein.

Glaub mir, es gibt in diesem unserem Lande Vibratorliebhaberinnen, die ohne ihr Spielzeug noch nie gekommen wären. Es wäre schon sehr dreist, deren Zufriedenheit als Abhängigkeit oder als etwas Widernatürliches anzuprangern. Was tatsächlich wie eine Krankheit in unserer kleinen Welt grassiert, sind sexuelle Hemmungen und ein Mangel an sinnlichen Empfindungen. Es ist sowohl eine Susie-Sexpert-Weisheit wie auch eine wissenschaftliche Tatsache, daß mehr Orgasmen zu noch mehr Orgasmen führen, und genau das ist es, was das Herumsurren zu einer sittlich wertvollen Tätigkeit macht.

Pack's ein – ich nehm's!

Liebe Susie Sexpert,

bis vor kurzem hielt ich mich für eine ganz normale Butch-Lesbe. *Ich stehe auf 501-Jeans, Leder, leichten S/M und hübsche Frauen. Aber jetzt habe ich plötzlich einen Fetisch für mich entdeckt, der mich sehr beunruhigt. Eines Tages steckte ich aus reiner Neugier meinen Dildo in die 501 und trug ihn zu Hause spazieren. Die durch diesen Kunstgriff entstandene Wölbung turnte mich total an. Ich fand es super, so auszusehen, und es fühlte sich einfach toll an. Als ich mit meiner Hand über die gewölbte Stelle zwischen meinen Beinen strich, erlebte ich einen explosionsartigen Orgasmus.*

Meine starke Reaktion auf diese Erfahrung warf allerdings einige Fragen für mich auf: Wie baue ich dieses Verlangen in meine feministische Ideologie ein? Als Feministin mit einem Hochschulabschluß in Psychologie hatte Freud nach seiner Abhandlung über den Penisneid jede Glaubwürdigkeit für mich verloren. (Vielleicht sollte ich meine kritische Beurteilung von Freuds Theorie noch einmal überdenken?)

Bin ich die einzige, oder haben noch mehr Lesben solche Phantasien? Würde ich mich zum Objekt ernsthafter Lächerlichkeit machen, wenn ich meine Phantasie in die Öffentlichkeit tragen würde?

Bitte erzähl mir alles, was Du zu diesem Thema weißt.

Beklommene Berta

Liebe B.B.,

was für ein heißes kleines Vergnügen die Lektüre Deines Briefes war! Ich glaube, viele verdrossene Butches hegen Gefühle, die den Deinen ähneln. Die eigentliche Frage aber lautet: Wie kann die feministische Ideologie *Dein* Begehren integrieren? Zwar ist der Feminismus hilfreich, um Unterschiede zwischen den Geschlechtern zu erläutern, aber er hat bisher noch keine Philosophie entwickelt, die Sexualität oder Erotik erklärt.

Zu verstehen, warum Du 59 Cents verdienst, wo ein Mann einen Dollar bekommt, kann kaum der Ausgangspunkt sein, um die Quelle Deiner Lust zu ermitteln. Der Frauenbewegung verdanken wir die Idee der sexuellen Selbstbestimmung und die Gewißheit, unsere sexuellen Vorlieben sehr wohl selbst definieren zu können. Ich glaube nicht, daß Du an Penisneid leidest. Ich glaube, Du leidest eher unter Dildoneid. Ein Dildo ist kein Penis. Wie oft muß ich diese schlichte Tatsache noch wiederholen? Vergleich die beiden Dinger mal – Du erkennst die Unterschiede auf einen Blick. Angefangen damit, daß der Dildo ein Sexspielzeug ist und nicht an einem Körper hängt, der bis zum Tode mit ihm leben muß. Erinnere Dich daran, daß Du gekommen bist, weil Dein Spielzeugschwanz über deine Klitoris rieb.

Ist Dir bewußt, daß der Dildo eines der wenigen Dinge auf dem Sexspielplatz ist, die traditionell mit Lesben assoziiert werden? Fast alle benutzen ihn, aber Lesben haben ihm zur Berühmtheit verholfen. Es ist Dein historisches Recht, Dildos zu benutzen – es ist sozusagen Dein lesbisches Erbe. Ob Du Dich lächerlich machen wirst, wenn Du in der Öffentlichkeit damit rumläufst? Tja, kann sein, daß Du Anlaß für noch größeren Dildoneid bieten wirst. Doch Dein Vergnügen könnte Dir das wert sein. Übrigens, ich kenne da dieses nette kleine Restaurant, wo wir uns treffen könnten und ...

In Liebe, Susie Sexpert

Eine Butch ist eine Butch ist eine ...

Liebe Susie Sexpert,

***bitte erklär mir** die physiologischen, sexuellen und soziologischen Aspekte des Kräftespiels, welches abläuft, wenn zwei Butch-Lesben aufeinandertreffen. Ich stelle immer wieder scheußlich abstoßende Auswirkungen fest, aber auch sehr positive Ergebnisse. Was meinst Du dazu?*

New Jersey

Liebe Jersey,

meine Freundin Fanny Fatale, freimütige lesbische Stripperin und selbsternannte Butch/Femme-Expertin, flehte mich an, sie diese wichtige Frage beantworten zu lassen.

Fanny sagt: „Wenn zwei Butch-Lesben aufeinandertreffen und es gut läuft, sagen ihre maskulinen Psychen: ‚Du gleichst mir. Das turnt mich an (sexueller Aspekt). Laß uns weitermachen (gesellschaftlicher Aspekt)!'

Ein andermal treffen sich zwei Butches, und beide drehen sich nach einer Femme um. Ich habe meine Lektion auf die harte Tour gelernt: Butch ist nicht gleich Butch. Nicht alle stehen auf Femmes. Und selbst wenn es so ist, gehen sie im Bett nicht unbedingt in die Offensive (tatsächlich tun das nur die wenigsten).

Das mag Dir zunächst kompliziert erscheinen und Dich verwirren, aber zu begreifen, daß Beziehungen zwischen zwei Butches oder zwei Femmes ebenso verbreitet sind wie zwischen einer Butch und einer Femme, führt auf lange Sicht zu glücklicheren Verhältnissen.

Was könnte eine Butch zur anderen sagen, wenn sie schmutzige Gedanken austauschen? ‚Ich lutsch dir deinen Schwanz, wenn du meinen lutschst.', oder ‚Ich weiß, daß du im Grunde eine Fotze bist, die genommen werden will, also bück dich!'"

Und noch ein Gedanke von mir, der Deine Gehirnwindungen in Schwingungen versetzen wird: Es gibt Butch-Lesben, die feminine Klamotten anziehen, weil es sie anturnt. Wer ist nun eigentlich „in drag"? Eine Butch in femininem oder eine in maskulinem Outfit? Wie werden wir im zukünftigen Zeitalter der sexuellen Aufklärung Travestie definieren?

Und noch ein weiterer Gedanke: Die Hälfte der Lesben, die in der Sexindustrie als Tänzerinnen oder Huren arbeiten, sind butch. Butches in femininer Verkleidung. Für das geübte Auge einer Femme ist das so offensichtlich wie der Kaiserin neue Kleider.

Alles im Arsch

Ich möchte mich dem Thema Analsex widmen. Wenn sich damals bei *Good Vibrations* eine Kundin wand, ohne ein Wort rauszukriegen, hatte das in der Regel etwas mit ihrem Arsch zu tun.

Inzwischen hat buchstäblich eine Revolution bezüglich der Offenheit im Umgang mit dem Thema Analsex stattgefunden. Menschen vertreten ihre Lebensanschauung freimütig auf Autoaufklebern: „Ich würde jetzt lieber Arschficken!" Leute gibt's ...

In erster Linie haben alle einige Fragen: Muß es weh tun? Was ist, wenn ich irgend etwas verletze? Ist es wahr, daß sich Leute schon in der Notaufnahme diverse Gegenstände rausholen lassen mußten?

Warum reden Lesben kaum über Analsex? Wir wissen, er „schickt" sich nicht, und er beschwört irrationale Ängste in bezug auf Reinlichkeit und Krankheit herauf. Keine, egal, ob lesbisch oder hetera, bekommt irgendwelche Informationen über Analsex geboten, obwohl er ebenso orgasmusträchtig und erfüllend sein kann wie jede andere Art von Sex.

Ich habe schon etliche ausgezeichnete Artikel über Analsex in lesbischen Sexmagazinen gelesen, aber sie alle zielten mehr auf das ellbogentiefe Fisten ab, statt auf die eher gewöhnlichen Bedürfnisse von Lieschen Müller einzugehen, die versucht, mit ihrem kleinen Finger die letzte Hürde zu überwinden.

Im Grunde ist es recht einfach. Das Wichtigste ist, daß dein Arsch durch Entspannung und Erregung empfangsbereit wird und sich für das Eindringen öffnet. Er kann nicht aufgedrückt werden wie deine Möse, die sich, wenn wir ehrlich sind, doch ganz schön herumschubsen läßt. Nein, dein Arsch muß schon den ersten Schritt tun.

Anales Vorspiel – das ist manchmal der beste Teil – heißt, daß du mit der Ritze zwischen den Pobacken und den empfindlichen Fältchen rund um dein Arschloch spielst. Jetzt ist es angesagt, im Gleitmittel zu planschen.

Sei großzügig, es empfiehlt sich, Unmengen von Gleitmittel zu benutzen. Dein Arschloch und dein Darm produzieren keine Feuchtigkeit, außer dem Schweiß der Erwartung. Zu viel Gleitmittel gibt es nicht.

Wenn du ins Arschloch vordringst, ist es an der Zeit, ein paar Worte zu verlieren. (Wer sich selbst befriedigt, kann diesen Schritt bequemerweise überspringen.) Laß dich von dem alten Analsex-Motto „Lubrikation und Kommunikation", zu deutsch: „Glitschen und Quatschen" leiten. Kläre mit deiner Partnerin, wie es sich anfühlt und was als nächstes läuft.

Vielleicht möchtest du, daß deine Geliebte ihren Zeigefinger ein winziges bißchen reinsteckt, ihn dann eine Weile absolut stillhält, bis dein Arsch vollkommen entspannt ist. Dann möchtest du vielleicht, daß sie ihre Taktik ändert und härter in dich stößt. Vielleicht soll sie, kurz bevor du kommst, langsam einen zweiten Finger riskieren. Du siehst, bei den vielen möglichen Variationen und Vorlieben führt kein Weg drumrum, mit deiner Partnerin zu reden. Keine Geliebte ist imstande, dir von den Augen abzulesen, welche Fingerübung du dir für deinen Arsch wünschst.

Die köstlichen Empfindungen, die du durch anale Penetration erleben kannst, hängen mit dem Völlegefühl und mit dem Druck auf das „Dammschwellgewebe", den inneren Teil deiner Klitoris zusammen. Deine Klit kann dabei steinhart werden, besonders, wenn noch woanders Hände im Spiel sind.

Finger oder Gegenstände, die in den Anus eingeführt werden, sollten ganz glatt sein und keine Spitzen oder Kanten haben. Es spielt keine Rolle, wie groß sie sind, sondern nur, daß sie dein Gewebe nicht verletzen. Ein kleiner Riß in deinem After oder Darm könnte sich durch vorbeikommende Scheiße infizieren. Das nächste Mal, wenn du gut manikürte Hände siehst, weißt du, wo sie gewesen sind.

Wenn du einen Dildo benutzt, achte darauf, daß er einen breiten Sockel hat, der ihn daran hindert, ganz im Darm zu verschwinden.

Auf diese Weise verlieren Leute gelegentlich Sachen in ihrem Arsch: Eine Frau kommt in den Vibratorladen und kauft einen winzigen, schlanken Vibrator ohne Sockel am Ende. Sie glaubt, es sei schon ein Riesenproblem, bloß die Spitze dieses Spielzeugs in ihren Arsch zu schieben. Doch welch eine Überraschung! Sie entspannt sich in ihrer Ekstase dermaßen, daß sie aus Versehen den ganzen Vibrator hineinschiebt und das erst merkt, nachdem sie gekommen ist. Sie könnte sich einfach hinhocken und ihn rauspressen, aber die Peinlichkeit der Situation läßt sie in Panik geraten. Nächste Szene: Krankenhaus. Mit rotem Gesicht und verklemmtem Arsch. Der Arzt erweitert ihr den Darm und holt das Spielzeug raus. Ende der Geschichte, und ich hoffe, die Moral ist klar: Benutzt entweder eure Hände oder einen Dildo mit breitem Sockel und ihr werdet nie exotische Krankenhausbesuche machen müssen.

Einige Liebhaberinnen benutzen gern diamantförmige Analdildos (mit Sockel!), die den Vorteil haben, daß du sie leicht „tragen" kannst, während du deine Hände für andere Dinge frei hast. Wenn dir hingegen stoßende Bewegungen am liebsten sind, kannst du Dildos in jeder dir genehmen Form benutzen. Du bekommst sie übrigens in jedem Sexshop. Wie gesagt, sie sind voll im Kommen. Unter uns gesagt, immer mehr Heteras kommen mit ihrem Mann vorbei, der in den Arsch gefickt werden will, und sie sind glücklich, dem nachkommen zu können. Welch ein überwältigender Fortschritt!

Noch ein paar Worte zur Reinlichkeit: Wenn du immer noch nicht weißt, daß du deinen Analdildo oder Finger nicht in die Möse stecken sollst, bevor er wieder sauber ist, lies lieber noch mal *Unser Körper – Unser Leben*. Wenn dich die Vorstellung von einem Klümpchen Scheiße auf deiner Pfote stört, ist es Zeit, erwachsen zu werden. Ernsthaftere Anal-Enthusiastinnen machen sich einen kleinen Einlauf, um die Scheiße rauszuspülen, aber das ist für die durchschnittliche Begegnung nicht nötig – durchschnittlich hieße etwa bis zu drei Finger breit und 10 bis 15 cm tief. Wenn du dich besonders empfindlich oder unwirtlich fühlst, solltest du die Sache umständehalber abblasen. Mit einer Portion gesundem Menschenverstand wirst du die Klippen analer Mysterien und Mythen leicht umschiffen.

Was haben Heteras bloß an sich?

Nein, niemals – wir doch nicht! Warum sollte sich eine Lesbe von einer Heterofrau angezogen fühlen? Keine ist scharf auf ihre Ängste, keine will ihren Ehemann, und der Charme ihrer Naivität verbraucht sich schnell. Sie wird dich benutzen, und zwar ordentlich. Die lesbische Nation braucht diese Dramen nicht.

Und doch – was haben diese Heteras bloß an sich? Zwar fahren nicht alle auf sie ab, aber die gegenseitige Faszination zwischen Homo und Hetero begründet eines der beliebtesten und zeitlosesten Spiele der Welt.

Die faszinierende Wirkung von Heteras ist vom Schleier des Geheimnisses umhüllt. Lesben, die sich immer wieder von Heteras angezogen fühlen, rücken nur ungern damit heraus, was sie an ihnen so toll finden.

„Hetero! Daß ich nicht lache!" sagt eine erfahrene Damenliebhaberin. „Ich habe mehr Weiber aus Hetero-Bars abgeschleppt als aus Lesbenbars."

„Sie machen *mich* immer an", behauptet eine andere. „Ein klassisches Muster. Hinterher heißt es immer: ‚Ich hab' ja nicht geahnt, daß es so sein könnte ...!'."

„Und dann verläßt sie dich!" stimmt eine weitere Veteranin ein. „Darauf kannst du wetten."

Laßt uns mal den wabernden Nebel quälender Gefühle durchdringen, der den eigentlichen Sachverhalt bei Affären mit Heterofrauen verschleiert. Tatsächlich können Heteras eine heiße Phantasie sein oder eine dauerhafte sexuelle Vorliebe. Wir wissen, wer *sie* sind, aber was haben *wir* an uns, das den Funken unmittelbar überspringen läßt? Welche Art von Lesbe ist die Geliebte einer Hetera? Für die typische Damenliebhaberin stellt sich diese Frage gar nicht. Sie steckt ihre Geliebten weder in die eine noch in die andere Schublade. Sie behauptet, nicht zu urteilen. Trotz ihrer vergangenen siebzehn aufeinanderfolgenden Affären mit Heterofrauen verwahrt sie sich dagegen, daß deren Heterosexualität etwas mit ihrer Anziehungskraft zu tun haben könnte.

Nun, wenn Frau Unerschütterlich für Urteile zu hasenherzig ist, werden wir sie fällen: Die Heterosexualität ihrer Geliebten hat eine ganze Menge mit dieser „unheimlichen" Faszination zu tun. Aus einer Frau die Lesbe herauszulocken ist zweifelsohne eine sehr berauschende Erfahrung.

Es gibt auch noch andere Spezies in der Reihe der Anonymen Damenliebhaberinnen. Eine ist die Separatistin. Jede Lesbe, die heterosexuelle Frauen verschmäht, war oder ist heimlich in sie verliebt. Der Feminismus stellt eine bequeme Ideologie zur Verfügung, mit der du Heteras geradewegs aus deinem Leben verbannen kannst. Bei aller weitschweifigen Rhetorik bleibt jedoch unter dem Strich: Sie hat dich zurückgewiesen, möglicherweise wegen eines Schwanzes, und einen Korb zu kriegen ist ganz schön bitter. Du machst dir Vorwürfe, daß du geglaubt hast, sie ändern zu können, und du beschließt, dich nicht noch einmal hereinlegen zu lassen. Bis zum nächsten Mal ...

Die echte Stärke und Glorie, die der hingebungsvollen Damenliebhaberin harren, liegen jenseits von Zähneknirschen und naßgeweinten Kissen. Das Geheimnis besteht darin, die Heterofrau als das zu akzeptieren, was sie ist: Objekt deiner Lust. Eine Phantasie zum Masturbieren. Eine Affäre im Büro, die Romanze für eine Saison. Sie kann sogar eine Szene sein, die du mit deiner lesbischen Geliebten inszenierst:

„Du bist die reiche heterosexuelle Dame, die sich in der Delikatessenabteilung des Kaufhauses über die Avocados beugt, und ich bin die freundliche Lesbe, die dir in den Ausschnitt starrt."

Um sich als Damenliebhaberin zu bekennen, ist es hilfreich zu benennen, was genau das Faszinierende an Heteras ist. Laß uns das Grundsätzliche durchgehen:

1. Es geht doch nichts über eine echte Herausforderung. Sie sind angeblich unerreichbar, aber du weißt, daß dein Mund und deine Hände die entscheidende Veränderung bewirken können. Wir Ladykiller erleben also sexuelle Triumphe.
2. Heteras nehmen ihre Weiblichkeit gewöhnlich als gegeben hin. Das finden besonders Butches faszinierend. Sie sind so überaus cool und in ihrem Frausein unbeirrbar, werden nie von einem Lausejungen-Image oder typischer Homo-Unsicherheit gequält. Jeder Film mit Liz Taylor beweist das.
3. In unseren Augen befinden wir uns auf einer Mission der Liebe, als Mentorinnen von Jungfrauen. Wir sind entzückt von ihrem Staunen und ihrer Willigkeit. Wir können sie so vieles lehren, und sie zeigen eine enorme Begierde.
4. Heteras leben außerhalb der Lesbenszene. Das klingt banal, doch das macht gerade die Motivation aus. Manch eine abgenervte Barlesbe oder ausgebrannte Aktivistin fühlt sich zu einer Frau hingezogen, die nichts, aber auch gar nichts mit uns zu tun hat: mit unseren Cliquen, unseren Gewohnheiten, unseren Komplexen. Heteras leiden zwar unter ihren eigenen Komplexen, doch diese nehmen wir bei all der Aufregung zunächst nicht wahr.

Sag niemals, heterosexuelle Frauen seien alle gleich! Es gibt ganz bestimmte Typen, die wir uns aus Horror vor Schubladen nie getraut haben mit Namen zu versehen. Die Butch/Femme-Terminologie ist hierbei recht hilfreich. Normalerweise sind die Bezeichnungen Butch/Femme auf lesbisches Territorium beschränkt, aber eine derartige Klassifizierung kann auch für unsere heterosexuellen Flammen hilfreich und angebracht sein.

Die Arztfrau, zum Beispiel, ist eine heterosexuelle Femme. Sie scheint über eine Menge Zeit und eine Menge Schmuck zu verfügen. Sie versteckt den Vibrator vor ihrem Mann und wäre fast gestorben, als du deine ganze Hand in sie reingesteckt hast. Sehr dünn, sehr reinlich, und sie kreischt, wenn sie kommt.

Die Urfrau ist die heterosexuelle Butch. Sie ist umringt von Kindern, Tieren und nutzlosen Männern. Sie ist allen Wechselfällen des Lebens gewachsen. Du möchtest einen Dokumentarfilm über ihr Leben drehen, und ihre Brüste sind himmlisch. Sie hatte noch nie einen Orgasmus. Du hast ihren Zynismus, der von drei alkoholischen Ehemännern herrührt, durchbrochen. Ihr zwei treibt's hinten im Kombi vor dem Drive-in, während sich ihre Kinder draußen um Süßigkeiten balgen.

Die Liste geht weiter. Schichtzugehörigkeit, ethnische und kulturelle Herkunft, Alter und ein Volleyball-Team können endlose Variationen hinzufügen. Wenn du deine Hetera-Phantasie erst einmal als Teil deiner erotischen Identität erkannt hast, kannst du anfangen, sie wirklich zu genießen. Denk an sie, wie du an jede andere Phantasie denken würdest. Willst du diese Phantasie wirklich ausleben, oder würde sie bei der Umsetzung verlieren? Vermutlich bedarf das einigen Experimentierens.

Wenn Heteras definitiv deine tatsächliche sexuelle Vorliebe darstellen, fang an, den Sex schätzen zu lernen, statt über die Grenzen der Beziehung zu lamentieren. Wenn du darauf stehst, es aus ihnen herauszukitzeln, warum willst du dann bei ihnen bleiben, bis du vom Nachspiel gelangweilt oder frustriert bist? Wenn du Urlaub von der Lesbenszene willst, erwarte von ihr nicht, daß sie unseren Regeln folgt.

Heterofrauen kapieren viel schneller, warum sie sich von uns angezogen fühlen. Wir wissen zu küssen. Oralsex ist für uns eine Selbstverständlichkeit, wir ficken wie Engel, und sie wußten vorher nicht, daß tribadische Reibereien solch ein Vergnügen sein können. Lesbischer Sex ist das Entzücken endlosen Vorspiels,

Vorspiels mit Orgasmen. Und unsere Haut ist genauso zart wie ihre.

Nun, einige heterosexuelle Ladies werden dich reinlegen – sie enden schließlich doch noch als Lesben. Sie fangen an, *dich* zu befriedigen und sich einige kleine Tricks auszudenken, die *deine* Klit hüpfen lassen, wobei du dich fragst, wo die Zeit geblieben ist. Plötzlich wird deine kostbare unschuldige Heterolady verschwunden sein. Statt dessen findest du ein echtes sapphisches Wunder vor dir.

An diesem Punkt möchtest du sie vielleicht zur Seite nehmen und gestehen, daß auch du, um ehrlich zu sein, einst eine Art Hetera warst.

Party Snacks

Wie viele von euch haben schon einmal mit Freundinnen an einer Heimvorführung von Sexspielzeugen teilgenommen? In meinem Metier nennt sich so etwas „Fuckerware-Party", aber der Öffentlichkeit wird das natürlich etwas geschmackvoller angepriesen. In der Regel richtet sich so eine Party an Frauen, die eher sterben würden, als zu riskieren, beim Betreten eines Sexshops gesehen zu werden. (So fragte mich eine Frau tatsächlich: „Und wenn mein Pastor mich sieht?" – was für mich nach einer höllisch guten Phantasie klingt.)

In vielen Landstrichen mag eine Sexspielzeug-Party für eine Frau die einzige Gelegenheit darstellen, mit eigenen Augen zu sehen, was es mit Vibratoren, Dildos und G-Strings auf sich hat.

Der Erfolg einer solchen Party hängt entscheidend davon ab, wer die Präsentation der Produkte durchführt. Nichts bringt mich mehr in Rage, als von einer Party-Vertreterin zu hören, die das Wort Klitoris kaum über die Lippen bringt und die, mehr oder weniger unverhohlen, genau die Produkte verabscheut, die sie verkauft – Party-Moderatorinnen, die Angst davor haben, in punkto Sex ungeniert ins Detail zu gehen und sich schließlich über Dessous auslassen und über klebriges Schokoladenzeugs, das du, falls du dich bislang fruchtlos bemüht hast, deine Partnerin zum Oralsex zu kriegen, über deinen ganzen Körper träufeln sollst.

Eine gute Party hingegen bietet Gelegenheit, erstklassige Informationen zu erhalten und spannende Diskussionen über Erregung, Feuchtwerden, Orgasmus, Selbstbefriedigung, Sex-Kommunikation, erotische Phantasien und darüber, warum sich ein Dildo besser anfühlt als der andere, zu führen. Die Aufgabe der Party-Moderatorin ist es, all die Dinge auszusprechen, die aus Scham sonst keine über die Lippen bringt. Sie reicht die Spielzeuge herum, so daß die Ladies selbst einmal Hand anlegen können. Eine Party ist erst dann richtig gelungen, wenn die Damen über das „Kann mich ein Stromschlag dabei töten?"-Stadium hinaus sind und sich über wirklich erregende Sexerlebnisse austauschen.

Was, glaubt ihr, ist der Verkaufshit bei Sexspielzeug-Parties? Gleitmittel! Meine Lieben, wir sind seit Generationen einer Feuchtigkeitskrise ausgesetzt, und es ist kein Ende in Sicht. Eines der ersten Zeichen körperlicher Erregung bei Frauen ist das Feuchtwerden ihrer Vagina. Viele Frauen aber fühlen sich unangenehm trocken, obwohl sie sexuell erregt sind. Warum kriegen wir keine „Feuchte", obwohl wir doch angeturnt sind?

Eine ganze Reihe von Merkmalen unseres modernen Lebensstils können dazu führen, daß du auf dem trockenen sitzt, obwohl du erregt bist. Viele Medikamente, zum Beispiel Pillen für die Nebenhöhlen (gegen Schnupfen), trocknen deine Vagina automatisch aus. Die beliebtesten Freizeitdrogen, Alkohol und Marihuana, haben fatale Auswirkungen auf deine Feuchtigkeit. Dies ist eine böse Überraschung für diejenigen, die glauben, Drogen machten sie geiler denn je auf Sex. Diätkuren, gynäkologische Operationen, die Menopause und der Joker unter den schlechten Karten, Streß, können dein Sexleben jeglicher Saftigkeit berauben. Doch Sex ohne Nässe ist schlicht ungenießbar, und zwar nicht nur bei Penetration, sondern auch bei jeglicher äußerlichen Klit-Zuwendung.

Glücklicherweise mußt du deine Lebensgewohnheiten nicht völlig auf den Kopf stellen, um schlüpfriger zu werden. Wenn du erregt und wild auf Sex bist, fügst du einfach einen glibberigen Klecks hinzu – und presto! Schon bist du gut geölt und startbereit.

Viele Frauen leiden unter der Angst, nicht feucht genug zu sein, und fragen sich: „Was ist denn jetzt schon wieder mit mir los?" oder fürchten, daß ihre Geliebte beleidigt sein könnte, weil sie ihnen offenbar nicht sexy genug ist, um sie „naß zu machen". Vergiß bitte diese Lampenfieber-Tyrannei und kram die passende Soße raus. Deine Geliebte wird erleichtert sein, daß das Thema aus der schuldbesetzten Zone geholt wird. Jede, die darauf besteht, daß dein Höschen feucht wird, wenn sie nur den Raum betritt, ist einfach schlecht informiert und deine kostbare Zeit nicht wert.

Für ein gutes Gleitmittel brauchst du nicht viel auszugeben. Notfalls taugt jedes Pflanzenöl aus deiner Küche als sicheres und gut schmierendes Gleitmittel. Kokosfett ist besonders nett, weil es in fester Form verkauft wird und erst unter Wärmeeinfluß luxuriös schmilzt. Was du über *Crisco* gehört hast, ist wahr, das berühmte „rein pflanzlich" zeichnet es als vorzügliches Gleitmittel aus. Das gilt nicht für tierische Öle und Mineralöle. Diese bringen dich zwar nicht um, stehen aber im Verdacht, krankhafte Veränderungen der Schleimhäute zu fördern, und sind daher nicht anzuraten. Tierische und mineralische Öle umfassen Babyöl sowie alle Arten von Lotion für Hände und Gesicht. Halte sie von deiner Pussy fern. Das Schlimmste aber ist Vaseline. Viele Leute halten Vaseline für ein geeignetes Gleitmittel, weil sie so oft in Billigpornos erwähnt wird. Erinnerst du dich, daß dir als Kind erzählt wurde, du solltest den Kaugummi nicht runterschlucken, weil es sieben Jahre dauern würde, bis er verdaut sei? Nun, dieselbe Horrorgeschichte gilt für Vaseline in deiner Vagina oder im Darm. Das Zeug ist nicht wasserlöslich. Wasserlöslich heißt, daß ein Produkt auswaschbar und leicht in Wasser lösbar ist. Die meisten Öle sind wasserlöslich, Vaseline ist es nicht. Wenn du etwas nicht in warmem Spülwasser von deinem Geschirr abwaschen kannst, kriegst du es auch nicht aus deiner Möse.

Es gibt inzwischen neue Arten von ölfreien Gleitmitteln auf Wasserbasis, die ganz wunderbar sind. Sie sind extrem glitschig und erinnern stark an deinen eigenen Saft. Gleitmittel auf Wasserbasis bestehen hauptsächlich aus destilliertem Wasser und lebensmittelechten naturidentischen Stoffen, die in allem möglichen, vom Speiseeis bis hin zum Make-up, enthalten sind und für naturähnliche Glitschigkeit sorgen. Es gibt verschiedene Marken, deren Anwendung unbedenklich ist: Sie haben keine Nebenwirkungen und verursachen weder Irritationen noch gräßliche Infektionen.

Versuch mal *Probe, Softglide* oder *Femilind. Probe* schmeckt nach gar nichts und ist den Frauen zu empfehlen, die auf wirklich alles allergisch reagieren. *Femilind* verdunstet nicht so schnell. Ein etwas dickflüssigeres Gleitmittel nennt sich *Foreplay*. Es ist eine Art verdünntes *KY-Jelly*.

Ein weiterer günstiger Umstand bei Gleitmitteln auf Wasserbasis ist, daß sie sich problemlos mit Gummi-Sexspielzeugen (und Kondomen, Handschuhen, Dental Dams) vertragen, die brüchig werden, wenn du sie mit Öl benutzt.

Falls du nicht zur Kategorie der Unbelehrbaren gehörst, würde ich Gleitmittel jedesmal empfehlen, wenn du einen Dildo benutzt. Oft kommen Frauen in den Laden und wollen einen großen Dildo gegen einen kleineren eintauschen; sie bekennen, daß sie das Spielzeug nicht ordentlich in ihre eigene Pussy oder die ihrer Partnerin stecken können. Perlen vor die Pussys – diese unglücklichen Frauen benutzen kein Gleitmittel, und das Ergebnis ist schmerzhaft und demoralisierend. Ich schlage vor, daß du denselben Dildo noch einmal ausprobierst, dich mit deiner Partnerin vergnügst, bis eure Klits steinhart sind, etwas Gleitmittel auf den Dildo oder deine Vagina aufträgst und den Dildo hineinbugsierst. Wenn er nach einem solchen Gleitmittel-Testlauf immer noch zu groß ist, kannst du zurückkommen und dich beschweren: „Ich hab's dir doch gesagt!"

Gruppendynamik

Ich habe euch eine umfassende Abhandlung des Themas Gruppensex versprochen, und einige Freundinnen fragten mich, warum. Ihr Ratschlag: Wenn ich einen neuen Trend starten wolle, solle ich mir was Einfacheres aussuchen.

Ich habe allerdings das seltsame Gefühl, daß die meisten von uns ohnehin Gruppensex-Veteraninnen sind, obwohl wir uns nie als solche betrachtet haben. Flaschendrehen ist Gruppensex. Doktorspiele sind definitiv ein Gruppenerlebnis, ebenso Sex im Auto auf dem Parkplatz hinter der Disco oder in der abgeschiedenen Idylle am Baggersee mit mehr als einem Paar pro Wagen. Das Coming-out ist eine Zeit, in der viele Frauen ihre ersten über die Zweisamkeit hinausgehenden Abenteuer erleben. Eine ganze Generation von Lesben hatte zuerst Sex mit einer Frau als Dritte im Bunde oder als sie auf eine Anzeige à la „Paar sucht Gleichgesinntes" antwortete. Und schließlich gibt es da noch jene verschwommene Erinnerung an damals, als du Cousine Kitty auf dem Sofa unterbringen wolltest, aber im Schlafzimmer war euch allen so wohlig, und eines führte zum anderen ...

Eine „richtige" Orgie hingegen ist in den Augen der meisten Lesben außerhalb ihres Erfahrungsbereiches angesiedelt. Falls wir Gruppensex hatten, war das für gewöhnlich eine Affäre unbewußter Art, etwas, was sich rein zufällig so ergab, gewiß niemals geplant war und hinterher mit dem Mäntelchen des Schweigens bedeckt wurde.

Es herrscht die Einstellung vor, daß eine echte Orgie entweder eine Malibu-Szenerie komplett mit Wasserbett und Patchouli-Öl erfordert (die Sixties-Orgie) oder Lederfrauen, die in

Folterkeller-Schlingen hängen oder ellbogentief in Ölbottichen panschen (die moderne S/M-Version).

Ich erlebte die südkalifornische Variante des Gruppen-Rendezvous als Teenager häufig – einschließlich des einen Mals, als das Wasserbett platzte. Ich stand schon immer darauf, mit anderen Menschen sexuellen Kontakt aufzunehmen, ohne am nächsten Morgen einen Heiratsantrag zu erwarten.

Gruppensex ist ein unverbindliches Kräftespiel, bei dem du liebevoll sein kannst, ohne dich zu verlieben, und aufmerksam, ohne Konsequenzen berücksichtigen zu müssen. Er erlaubte langjährigen Paaren, sich eine Pause voneinander zu gönnen, ohne die dritte ins Spiel bringen zu müssen. Er gestattet es, innerhalb einer Inszenierung mit einer Vielfalt an Möglichkeiten zu experimentieren, die du mit einer Affäre nach der anderen vielleicht erst nach Jahren erreichen würdest.

Schließlich ist der Inbegriff einer Orgie – viele Hände berühren dich und/oder du berührst viele mit deinen Händen – eine vollkommene Erfahrung. Dich wiederholt Gruppensex auszusetzen, mag dich rasch davon überzeugen, daß er sich genauso natürlich und sinnlich anfühlt wie Sex in einer Zweierbeziehung. Zur Hölle mit der Arche Noah!

Laßt uns für einen Moment in den Fragen-Sie-Frau-Berger-Ton fallen, um darüber zu reden, welcher Vorbereitungen eine erfolgreiche Gruppensession bedarf.

Tip Nr. 1 für Gastgeberinnen: Lade mindestens doppelt so viele Leute ein, wie du gern da hättest. Um feste Zu- bzw. Absagen zu bitten ist unverzichtbarer Bestandteil der Etikette. Neben den üblichen traurigen Geschichten von Leuten, deren Auto nicht anspringt und die es deshalb leider nicht schaffen zu kommen, wirst du feststellen, daß viele Frauen in letzter Minute ausbüchsen und sich den ganzen Abend in einer Bar verstecken, nachdem sie sich vor dir gebrüstet hatten, daß sie es kaum erwarten könnten. Also: Überbuche bedenkenlos und du wirst nicht enttäuscht.

Die Hauptregeln, die für jede gute Party gelten, sind für eine Sexparty doppelt so wichtig. Das Essen muß nicht nur gut sein, sondern sich auch zum Anfassen eignen. Probier es mit kleinen Appetithäppchen, Trauben, die romantisch gepellt und in warme Orte geschoben werden können, Schlagsahne natürlich und Leckerbissen, die nicht warm sein müssen, so daß den ganzen Abend genascht werden kann. Plane genügend Getränke ein, denn deine Besucherinnen werden durstig sein.

Musik ist wichtig. Ebenso jeder erdenkliche sexy Zeitvertreib zum Aufwärmen der Gäste. Tanzen macht Leute geil, und seit dem Aufkommen von Videorekordern ist es ein Klacks, nicht jugendfreie Heimunterhaltung bereitzustellen. Außerdem gibt es einige alberne Spiele, die du initiieren kannst und die, so lächerlich sie sein mögen, bei einer schüchtern-zaghaften Gruppe den Stein ins Rollen bringen können. Flaschendrehen kann mit raffinierten Regeln den Umständen angepaßt werden, und nacktes Twister galt eine Zeitlang als der Renner. Im allgemeinen ist es nicht so wichtig, sich auszuziehen, wie die Action in Gang zu bringen.

Es sollte überall im Raum Tummelplätze geben. Stell bequeme Liegemöbel bereit oder improvisiere Lagerstätten auf dem Boden. Jetzt ist es Zeit für diese Satinbettücher, die nie auf deinem Bett bleiben wollen, aber einen großartigen Bodenbelag für Orgien hergeben. An strategisch günstigen Stellen solltest du Gleitmittel plazieren. Und steck auf jeden Fall die Vibratoren in die Steckdose und halte Spielzeuge griffbereit. Du solltest dich schämen, wenn du keine Vibratoren und Dildos hast, mit denen sich deine Gäste amüsieren können. Sogar schüchterne Menschen fühlen sich von derartigem Schnickschnack angezogen. Vergiß die Kondome und die Latexhandschuhe nicht. Gummis erleichtern den flexiblen Einsatz von Dildos; Handschuhe sind für die abenteuerlustige Finger- und Faustfickerin, die vermeiden möchte, daß Saft und Schnittwunden in Kontakt kommen.

Was kannst du auf einer Orgie tun? Vergiß das Stereotyp komplizierter Sexpositionen! Vergiß die Idee, daß in all deinen Öffnungen gleichzeitig herumgebohrt werden müßte! Ein rundum gutes Gruppenerlebnis könnte beispielsweise folgendes beinhalten: Zuschauen, sich selbst befriedigen, dem Vergnügen einer anderen assistieren, es einer anderen machen, es selbst besorgt kriegen etc. Helferin oder Nebendarstellerin auf dem Sextrip einer anderen zu sein macht riesigen Spaß und kommt einer Anfängerin oft nicht in den Sinn.

Eine meiner Geliebten erinnert sich gern daran, daß sie mal ihre Freundin Rita fragte, ob sie unter ihr liegen dürfte, während Rita gepeitscht wurde. So erfuhr sie S/M-Sex, mit dem sie sonst jeglichen direkten Kontakt vermeidet, aus zweiter Hand. Oder, wie Rita sagte: „Sie hat den besten Part abgekriegt." Und Rita genoß den Kontakt mit einer Frau, die sie normalerweise nicht anturnen würde.

Manchmal ist unser Freundinnenkreis so inzestuös, daß es uns komisch vorkommt, intim zu werden. Ich habe schon den Kopf meiner besten Freundin im Schoß gehalten, während sie von vier anderen gefickt wurde, obwohl es mir unangenehm gewesen wäre, das selbst mit ihr zu tun. Andererseits habe ich bei einer Sexparty die Geliebte meiner besten Freundin gefickt, für die ich eine Menge Zuneigung empfand, mit der ich es aber ohne diese Party nie getrieben hätte.

Meine Probleme beim Gruppensex klingen den meisten von euch, die es schon einmal probiert haben, zweifellos vertraut:

1. Schüchternheit, oder: wie fängst du an?
2. darauf bestehen, daß du kriegst, was du willst
3. deine Hemmungen abbauen und
4. für die festen Pärchen unter den Gästen: das giftgeifernde Monster Eifersucht.

Was ist, wenn du unter der Wahnvorstellung leidest, die Orgien-Jungfrau zu sein, die am Ende irgendwie von vierzig Lederfrauen mit faustdicken Schwänzen vergewaltigt wird, nur weil sie zugriff, als eine das Gleitgel an sie weiterreichte? Sagtest du gerade: „Unsere größten Ängste sind unsere geheimsten Phantasien?" Ja, schon, aber manchmal müssen wir uns an diese Dinge langsam herantasten. Ich schlage vor, daß die Novizin eine Köstlichkeit nach der anderen probiert, statt weiß der Himmel was zu beweisen, indem sie das ganze Buffet auf einmal zu vernaschen versucht.

Such dir eine Kleinigkeit aus, die dich reizt, wie zum Beispiel zuzugucken, wenn Diana ihren Arsch geleckt kriegt, oder zu einem Pornovideo zu vibrieren, während Lisa an deinen Zehen saugt ...

Frag, ob du mitmachen darfst. Wenn dich eine auffordert, dich auf ihr Gesicht zu setzen, dich diese Spielart oder die Frau aber nicht anmacht, überlege, ob du ihr in einem anderen Arrangement näherkommen könntest. Lächle, schüttele den Kopf und biete etwas anderes an: zuzugucken, den Vibrator zu halten etc. Du brauchst eine kooperative Grundeinstellung. Sei bereit, mitzuspielen und vielleicht über einen kleinen Schatten zu springen, ohne dich jedoch verpflichtet zu fühlen, zu allem ja zu sagen, was dir angeboten wird.

Loszulassen fällt der Exhibitionistin am leichtesten, und du wirst früh genug herausfinden, ob du zu dieser Kategorie zählst. Ich habe auf Gruppensexparties schon den größten Spaß gehabt, ohne auch nur einmal zu kommen. Die Gastgeberin spielt in der Regel die Rolle der Großen Voyeuse, obwohl manch außergewöhnliche Gastgeberin auch schon mal in die Bresche springt und vormacht, wie es gehen kann. Mein Rat: Zerbrich dir nicht den Kopf darüber, ob und wie du dich entspannen kannst. Konzentriere dich darauf, geil zu werden, und der Rest geschieht von selbst.

Schließlich zum allgegenwärtigen Stolperstein für viele Paare: Eifersucht. Die Zeit, um sich mit Schuldgefühlen zu befassen, ist vor und nach der Party, nicht währenddessen. Diskutiert vorher, wie jede von euch eine Gruppenparty am meisten genießen würde. Wollt ihr euch beide gleichermaßen auf dieses neue Experiment einlassen? Gefahr droht, wenn eine Partnerin weniger willig ist und nur mitgeht, um der anderen eine Freude zu machen. Mögliche Lösungen wären, allein zu gehen, zusammen mit dem Versprechen hinzugehen, daß ihr nur zuguckt oder daß die zögernde Partnerin eine Sexaktivität oder Sexpartnerin für die andere aussuchen darf.

Entscheidet, ob ihr euch trennen und überhaupt nichts miteinander zu tun haben wollt oder ob ihr beabsichtigt, zusammenzubleiben und als Paar andere ansprechen wollt. Es ist wichtig, die Regeln und Grenzen zu diskutieren, bevor ihr aufbrecht, und daß keine die andere auf der Party nötigt, etwas zu tun, was vorher nicht vereinbart wurde. Wenn etwas aufkommt, das du gern tun würdest, diskutiere es mit deiner Partnerin und spar es dir für das nächste Mal auf.

Wenn du befürchtest, trotz bester Vorsätze vor Eifersucht auszurasten, überzeuge dich davon, daß du das Taxigeld für den Heimweg hast, und mach einen diskreten Abgang. Sexparties sind keine Selbsterfahrungsgruppen, mach da keinen Fehler. Das Beste, was du für deine Beziehung tun kannst, ist, einen besonderen Brunch oder gemütlichen Spaziergang für den nächsten Tag zu planen, wobei ihr eure Gefühle und alles, was passiert ist, diskutieren könnt. Und denk dran, manchmal ist die beste Art, Besitzansprüche oder Schuldgefühle zu lindern, unglaublich heißer Sex miteinander am Tag danach.

Bist du jetzt bereit, Einladungen zu verschicken? Darf ich meine aufblasbare Puppe mitbringen? Ich garantiere dir eine Zusage.

Gurken und andere Südfrüchte

Ma Chère, gerade komme ich vom French Quarter in New Orleans zurück, und die komischsten Dinge ergeben plötzlich einen Sinn. Ich konnte an diesem einen Wochenende nur ein winziges bißchen New Orleans kosten, aber diese Kostprobe war eine der süßesten.

Offiziell war ich für das Treffen der Amerikanischen BuchhändlerInnen-Vereinigung (ABA) nach Louisiana gefahren, bei dem all die kleinen Buchläden aus der Nachbarschaft sich mit sämtlichen VerlegerInnen treffen. Ich arbeitete für den Verlag *Down There Press,* der ganz eindeutig den besten Button der Messe hatte: *„Ein ganzes Buch worüber??? – Analvergnügen und Gesundheit".*

Das inoffizielle Thema des diesjährigen Treffens hieß Zensur. Es haute mich um, von ein und derselben Buchhandlung Horrorgeschichten über *Penthouse,* Astrologiebücher und *On Our Backs* zu hören. Der Besitzer dieser fortschrittlichen Buchhandlung fand, als er eines Morgens öffnete, die Schaufenster mit folgendem Slogan besprüht: *„Dieser Laden fördert Gewalt gegen Frauen!"* Am späteren Nachmittag drohte eine fuchsteufelswilde Mutter den Laden zu verklagen, weil er „meinen Sohn zu einem Homosexuellen gemacht hat!" Anschließend trat eine Gruppe von Besorgten Bürgern auf, die zunächst lauthals forderten, den *Playboy* aus den Regalen zu entfernen. Doch als sie nachdrücklich um eine Begründung ihrer Forderung gebeten wurden, stellte sich schnell heraus, daß sie auch alle Bücher über Astrologie, Tarot und östliche Religionen verbannt haben wollten. Der Buchhändler brachte zu seiner Verteidigung vor, sein Sortiment umfasse ein breites Spektrum an spiritueller Literatur, einschließlich verschiedener Ausgaben der Bibel.

Die Besorgten Bürger ließen sich nicht beeindrucken. Sie zitierten: „Es gibt nur eine Bibel."

Und um dem Ganzen die Krone aufzusetzen, drohte eine örtliche feministische Schriftstellerin, die später eine Lesung halten sollte, sie würde nicht teilnehmen, falls *On Our Backs* und andere explizit sexuelle Literatur nicht aus den Regalen verschwände. Hey – ich wette, die hat auch nur eine Bibel!

Meine Damen, ich wußte nicht, ob ich mich übergeben oder Kinnhaken austeilen sollte. Teilt allen ZensorInnen mit, daß ich ihre Bemühungen für totalitäre Schweinereien und ihre Furcht vor unverhüllter Sexualität für eine dünne Tünche über ihrer eigenen Ignoranz und scheinheiligen Moral halte.

Im Gegensatz zu diesem Aufruhr bei der Tagung empfand ich New Orleans selbst als luxuriöses Bad in Erotik. Die dortige Gesellschaft hat keine Arbeitsmoral, sondern eine Vergnügungsmoral. Das schwullesbische Leben ist ein perfektes Beispiel dafür, obwohl viele Frauen sich über das bedrückende Klima und den Rassismus beklagen (Göttin, wir in Kalifornien kennen so was nicht, stimmt's?). Ich hörte: „Ich bin die einzige Lederlesbe der Stadt." und „Das nennt sich also Südstaaten ..." Das schwullesbische Ghetto blüht und gedeiht, bleibt aber vorwiegend unter sich, und diejenigen, die offen schwullesbisch leben, tun das, weil sie das Quarter nie verlassen.

Die schillernde Kehrseite dieses Phänomens ist, daß du das Gefühl hast, eine verzauberte Stadt innerhalb der Stadt zu betreten. Einmal im Jahr siegt der Zauber, und die Lesben und Schwulen geben den Ton an. Mardi Gras ist der höchste Feiertag des „Genderfuck", der Geschlechterrollenspiele. Während der restlichen Zeit des Jahres macht die Szene Pläne für Mardi Gras oder schafft es zumindest nie, vom Karussell der Parties, Picknicks und besonderen Ereignisse abzuspringen. Ich kann mir einfach nicht vorstellen, wie hier irgendwelche Arbeit geschafft wird. Hier die Bars, dort die Homokirchen, und dazwischen pendelt das Leben der schwullesbischen Szene. Die Bemerkung einer Frau, daß hier die BarkeeperInnen als Vorbilder und WortführerInnen der Homoszene fungieren, brachte mich ganz schön zum Lachen, aber ich bin sicher, es stimmt.

Charlene's ist eine der ältesten und bekanntesten Vergnügungsstätten der Stadt, und Charlene, die Besitzerin, entpuppte sich als eine echte Perle, als sie einen Eimer eisgekühlten Champagners zur Eröffnung des schwullesbischen Buchladens brachte, zu der zwei Autorinnen von Naiad Press und ich geladen waren.

Meine Lieblingsperson in New Orleans (ich hoffe, ich kriege keinen Ärger, wenn ich das sage) ist Brenda Laura, die kürzlich die alte *Pinos Bar* übernommen hat. Ich lernte sie an dem Abend kennen, als sie in ihrer Bar die schwullesbische ABA-Party veranstaltete. Sie trug ein rotes Seidenkleid, rote mit kleinen Edelsteinen besetzte Samtpumps und den außergewöhnlichsten Goldanhänger, den ich je gesehen habe. Er stellte eine kleine nackte Frau auf einer Schaukel dar, und an der Stelle, wo sich ihre Klit befunden hätte, funkelte ein Diamant. Natürlich mußte ich sie sofort auf dieses kleine Ding ansprechen. Brenda fragte mich, ob ich schon die Bourbon Street entlanggegangen sei, die Straße der Bars und Strip-Shows. Von der burlesken Fassade eines solchen Strip-Show-Hauses schwingt dir ein Paar nackter Frauenbeine aus Pappmaché entgegen, dazwischen ein Baldachin, hinter dem Lachen und Gläserklingen ertönt. Diese Venus auf der Schaukel war die Anregung für Ms Lauras Anhänger. (Muß ich noch mehr sagen?)

Die beste Bar, die ich besuchte, war der *Country Club,* eine große, alte, von Weinranken und Blüten überwucherte Südstaaten-Villa mit einer Hollywood-Schaukel auf der Terrasse. Zwei der Räume waren als Bars eingerichtet. In einer befand sich ein

Regal mit Sexmagazinen für die Jungs, und ich steckte noch ein paar Ausgaben von *On Our Backs* dazu, nur zur Sicherheit. Die restlichen Zimmer waren zum Entspannen und Tanzen. Hinten hinaus erstreckte sich ein weitläufiger Garten mit einem riesigen Planschbecken, Whirlpool, Umkleidekabinen und einem Bodybuilding-Raum. Doch Vorsicht, Yankee, es war keineswegs ein Yuppie-Bad! Es war baufällig und kurios wie alle älteren Lokalitäten in New Orleans, heiß wie die Hölle und mit Kakerlaken so lang wie deine Finger. Ich genoß jede Minute.

Und ich erlebte noch ein pikantes Abenteuer, als ich das Betriebsfest von *Harlequin Romance* besuchte. Als ich dort mit den Mädels tanzte, stellte ich fest, daß eine davon eine *On Our Backs*-Abonnentin aus Fort Lauderdale war. Sie hielt sich in New Orleans auf, um ein Buch mit dem Titel *101 Sache, die du mit einem Ex-Ehemann machen kannst* zu vertreiben. Wir sind überall, echt wahr.

Ein leitender Angestellter von *Harlequin Romance* machte sich mitten im Walzer mit der neuesten Ausgabe von *On Our Backs* in der Hand an mich heran und fragte: „Was bedeutet dieses Wort: Tri-ba-die?"

Wie gut, daß er fragte! Ich will schon eine ganze Weile über Tribadie reden, weil so viele von euch diese antike sapphische Praktik ausüben, aber das Wort nicht kennen. Heterosexuelle Teenager haben einen Ausdruck dafür, in dem ihr Frust anklingt, es gar nicht „richtig" gemacht zu haben: Trockenbumsen (offiziell „Schenkelverkehr" genannt). Einige Tunten nennen es Frottage. Aber was Lesben betrifft – unsere kleinen Hügel sind doch wie geschaffen, um sie gegeneinander zu reiben, und diese Leidenschaft nennt sich Tribadie.

Viele von uns haben glühende Schilderungen der Tribadie in den großartigen alten Groschenromanen gelesen. Hier ist ein Ausschnitt aus einem meiner Lieblingsbücher, *Lesbian Hell,* von Jane Sherman (um 1960):

Betty hatte geübte Hüften. Sie stieß sie gegen mich und kreiste rhythmisch, bis ich dachte, ich würde verrückt. Ich wollte, daß sie darum bettelte. Das würde ihr besonders gut gefallen. Sie quetschte meinen Körper mit diesen überaktiven Hüften. Betty war ein gesundes Mädchen, sie drängte sich mir entgegen, als ob sie härtere Sachen liebte. „Gib's mir, Baby, gib's mir!" hauchte Betty. Wir trieben es miteinander in vollkommener Harmonie. Ich wollte ein Teil von ihr werden, wollte, daß sie ein Teil von mir würde.

Dieser lüsterne Ausschnitt enthält einige großartige Tatsachen über Tribadie. Aufeinanderzuliegen und sich in die Augen zu sehen erlaubt eine „verschmelzende" Intimität wie keine andere Stellung. Allerdings kannst du Tribadie auch auf dem Steißbein, Unterarm oder Knie deiner Geliebten praktizieren, auf jedem ihrer Körperteile, der deiner Möse einen guten Reibungswinkel gestattet.

Tribadie ist auch eine erfolgreiche Methode für gleichzeitige Orgasmen. Wie in der Beschreibung aus dem Roman schon deutlich wird, ist das Ganze eine Frage des Rhythmus, und ihr müßt fleißig üben, um eure Reibereien zu „vollkommener Harmonie" zu bringen. Wie viel Übung? Wenn du eine heiße Affäre hast, scheint die Zeit nur so zu verfliegen, und es ist möglich, euch innerhalb eines Monats in Einklang zu bringen.

Einige Frauen kriegen von Tribadie keinen Orgasmus, weil sie ihre Klit nicht genügend stimuliert und sie statt dessen am nächsten Morgen mit einem schmerzenden und mit blauen Flecken übersäten Venushügel aufwachen. Hier ist ein lustiger und leichter Trick: Schiebe deinen Zauberstab, also einen Vibrator zwischen dich und deine Geliebte. Kleine vibrierende Köpfe von der Form eines Tennisballs sind geradezu dafür geschaffen, zwischen lesbischen Schenkeln plaziert zu werden. Du hältst immer noch genügend Körperkontakt mit deiner Geliebten, doch es ist einfacher, einen gemeinsamen Stimulationspunkt zu finden.

Ich habe eine Theorie, warum über Tribadie so wenig gesprochen wird. Sie ist eine Ganzkörperumarmung, die sich von der einfachen Umarmung ableitet und sie in eine erotische Technik verwandelt. Tribadie kann ohne viele Worte, ohne Blicke, ohne Schmecken und ohne das Berühren von Genitalien betrieben werden, ja du mußt dich nicht einmal ausziehen. Dadurch wirkt sie auf Frauen anziehend, die sich ihrer Körper, besonders ihrer Pussys, und lesbischer Sexpraktiken allgemein schämen. Tribadie neigt historisch zu Verstohlenheit, als ob es etwas wäre, was du tust, ohne eingestehen zu müssen, daß du wirklich SEX hast.

Ein letzter postfeministischer Aspekt dieser Geheimniskrämerei ist, daß einige Frauen Schuldgefühle bei der Tribadie haben, weil sie sie an die heterosexuelle Missionarsstellung erinnert und sie nervös werden, wenn es darum geht, welche oben und welche unten liegt.

Ich betone noch einmal, daß Lesben, die deswegen Schuldgefühle haben, die einzigen sind, die noch fixierter auf Penis/Vagina-Sex sind als heterosexuelle Männer. Glaub mir, egal, ob du oben oder unten liegst, du wirst deinen Teil zum Rhythmus beitragen müssen, oder es klappt nicht mit der Tribadie.

Offensichtlich gibt es zahlreiche Lesben, die Tribadie als eine von vielen Sexpraktiken genießen. Sie ist nicht von Natur aus eine heimliche Praktik, die im verborgenen gedeiht. Tatsächlich ist es schwierig, die erregende Knochen-Klit-Reibung zu vermeiden, wenn du ein abwechslungsreiches Sexleben hast. Übrigens kann Tribadie zwischen S/M- und Vanillasex pendeln. Lies den Rest von *Lesbian Hell,* und dir werden die Augen aufgehen.

Bleibt noch ein letzter Rat eines einfachen weißen Mädchens: Eine südliche Schwester aus Georgia schrieb mir und klagte über das dortige Verbot von Dildos und Vibratoren. (Das Monster Zensur verbreitet sich schnell, wenn wir ihm nicht den Kopf abschlagen.) Sie erzählte, daß jedes Mädel auf dem Land, die etwas auf sich hielte, ein ernstzunehmendes Gurkenbeet in ihrem

Garten besäße. Nein, diese Gurken-Liebhaberinnen hegen keine ausgeprägte Vorliebe für diese komischen kleinen eingelegten Gewürzgurken. Ich spreche hier von einer echten, jahreszeitlich bedingten Dildo-Sammlung.
Merkt euch folgende Gartentips von Ellie Mae:

1. Wende niemals Pflanzenschutzmittel an.
2. Manchmal zeigt die Schale einer unreifen Gurke dieselbe Wirkung wie Giftsumach. Wenn du also auf Giftsumach allergisch reagierst, laß die Gurke auf jeden Fall reif werden, bevor du sie benutzt.
3. Sei vorsichtig mit Gurken aus dem Supermarkt! Wasch sie gut. (Ich weiche solche Gurken in Essigwasser ein.)
4. Laß die Gurke einen Tag lang draußen in der Sonne liegen, dadurch wird sie biegsam. Schäle sie erst kurz vor Gebrauch.

Danke für die Tips, Schwester. Entschuldigt mich, ich muß mich mal einlegen gehen.

Faust im Spiel

Eines der in der Welt am meisten mißverstandenen Wesen ist die lesbische Faustfickerin. Ihre Sextechnik, bei der sie eine ganze Hand in die Möse ihrer Geliebten einführt, betrachten einige als körperlich unmöglich, andere als bizarr. Diejenigen von euch, die vom Vergnügen des Fäustelns noch unberührt sind, lade ich ein, die folgenden Ausführungen intensiv zu studieren. Schäme dich deiner sexuellen Unwissenheit nicht, sondern beseitige sie. Die Veteraninnen der Pussyhandhabung hingegen mögen zu ihrem Gleitmittel greifen, denn wir gehen an die Öffentlichkeit.

Das Fisten ist, wenn wir es mit irgend etwas vergleichen wollen, eine natürliche Erweiterung des Fingerficks. Eines Tages ist deine Möse hungriger als sonst, und drei Finger reichen einfach nicht. Auch vier oder fünf nicht. An diesem Punkt greifen einige Liebhaberinnen wahrscheinlich zu ihrem Lieblingsdildo. Der Nachteil von Dildos jedoch ist der Mangel an direktem Körperkontakt. Wenn du deine zusammengeballte Hand in die Vagina deiner Geliebten steckst, verschafft dir das zwar keine direkte klitorale Stimulation, aber garantiert eine direkte hormonelle. Die Intimität ist unvorstellbar. Du bist ganz in deiner Geliebten drin, ihr Körper umschließt deine Faust wie ein Kokon. Du kannst jedes noch so leichte Zittern spüren, das in ihrer Möse, ihrem Arsch oder ihrem Bauch entsteht, und sie kann jede noch so winzige Bewegung deiner Finger spüren. Wenn du dein Handgelenk auch nur leicht drehst, ist das für sie, als ob die Erde in ihr bebe. Wenn du denkst, das klingt romantisch, hast du recht. Fisten ist unglaublich romantisch.

Wenn dich vaginale Penetration erregt, wirst du Fisting wahrscheinlich lieben. Wenn du hingegen dem Ficken noch nie etwas abgewinnen konntest, mag Fisten den Wendepunkt darstellen. Wenn du eine Vorliebe für berauschende Orgasmen hast, ist Fisten famos. Wenn du schon immer eine Frau in der Hand haben wolltest – bitte ...

Nachdem wir nun das Genußprinzip ausgeleuchtet haben, laß uns einige der Mißverständnisse betrachten.

Vaginales Fisten ist eine völlig andere Geschichte als anales Fisten. Die Schleimhaut deines Afters und deines Darms ist sehr empfindlich, und obwohl die Vagina nicht unverwüstlich ist, so ist sie im Vergleich doch ein zähes Mädchen.

Die Bedenken in bezug auf Analsex drehen sich oft um die Möglichkeit, einen Schnitt oder Kratzer durch Scheiße zu infizieren, doch die Vagina stellt ein vollkommen anderes Milieu dar. Das heißt, einige der Vorsichtsmaßnahmen, die wir normalerweise für jede Art von Arschfick treffen würden, sind beim Fisten der Vagina überflüssig. Du mußt deine Fingernägel nicht schneiden oder feilen, um eine Möse zu berühren. Es versteht sich jedoch von selbst, daß du deine Krallen einziehst, egal, ob du einen oder fünf Finger benutzt. Wasch deine Pfoten, wie es sich für jedes anständige Mädchen gehört, und wenn du dir über Infektionen Sorgen machst oder darüber, daß die nasse Hitze der Möse deiner Partnerin an deinen Fingern brennt, benutze ein Paar Latexhandschuhe aus der Apotheke. Sie sind dünn genug, um alles zu spüren, und schützen euch beide.

Ein weiterer Irrglaube besteht darin, daß Fisten zu den S/M-Aktivitäten zählt. Also bitte ...! Schlichtweg alles kann durch eine S/M-Haltung oder -Inszenierung erotisiert werden, aber dich einfach zurückzulehnen und es dir besorgen zu lassen, macht dich nicht zur Masochistin oder zur „bottom". Genausowenig wirst du zur Sadistin oder zur „top", bloß weil du deine Partnerin fistest. Fisten hat mehr mit Petting unter der Gürtellinie zu tun als mit einer deftigen Auspeitschung. Wenn du während des Fistens Schmerzen verspürst, hört sofort auf! Ihr macht etwas falsch.

Bist du naß genug? Dein Feuchtigkeitsgrad läßt sich leicht durch ein gutes Gleitmittel unterstützen. Ich habe noch nie von einem guten Fisting gehört, das nicht Unmengen deines liebsten Gleitmittels einschloß. Ist dein Muttermund so empfindlich, daß er keine heftigen Stöße verträgt? Vielleicht ist der Zeitpunkt falsch. Die Empfindlichkeit deines Muttermundes ändert sich im Laufe deines Zyklus und ist abhängig vom Grad deiner Erregung.

Damit du deine Hand in sie einführen kannst, muß deine Geliebte erregt sein und nach einem Fick gieren. Wenn sie körperlich ausreichend stimuliert ist, um deine Faust zu empfangen, erweitert sich ihre Möse. Der obere Bereich schwillt wie ein Ballon, während der Eingangsbereich ihrer Vagina sich längt und durch Blutandrang in den Gefäßen anschwillt. Jetzt ist die Zeit reif.

Drücke vorsichtig einen Finger nach dem anderen hinein, bis sie alle versenkt sind. Spiel dabei weiter mit ihrer Klit oder ihren Nipples, oder berühre die Stellen, die sie geil machen. Jetzt bist du für den entscheidenden Stoß bereit, um den Widerstand gegen die breiteste Stelle deiner Hand zu überwinden und mit deiner ganzen Hand zu verschwinden. Für manche Frauen fühlt sich das wie ein langsames gleichmäßiges Pressen an, für andere ist es wie ein „Plop", dem eine Art Schlucken folgt. Wenn sie einmal drin ist, rollt sich deine Hand wie von selbst zu einer Kugel, um sich dem kuscheligen, elastischen Raum anzupassen, den ihr geschaffen habt.

Einige Frauen glauben nicht, daß sie jemals eine Faust in sich ertragen könnten. Ich höre Kommentare wie „Nur Frauen mit Vaginas in Größe XL können einen Faustfick ertragen!" oder „Du mußt schon ein Kind gekriegt haben, um das tun zu können!" Pustekuchen!

Im Gegensatz zu Kleidern von der Stange werden Mösen nicht in den festen Größen S, M oder L geliefert. Die Vagina jeder Frau ist auf die Fähigkeit zugeschnitten, ein Baby zur Welt zu bringen, welches größer ist als jede Faust, die dir möglicherweise über den Weg läuft. Warum unterscheiden sich Frauen also dermaßen, wenn es darum geht, wieviel Penetration sie genießen können?

Für einige wenige Frauen ist jedes Eindringen schmerzhaft oder sogar unmöglich. Meistens resultiert dieser sogenannte Vaginismus aus psychischen Konflikten oder Ängsten, die ein starkes unwillkürliches Anspannen der Scheidenmuskeln auslösen und das Eindringen schmerzvoll machen. Es kann bedeuten, daß sich der Körper gegen etwas wehrt, was die Frau nicht will oder fürchtet. Gegen diese Schutzreaktion hilft nichts als Entspannung oder Ausweichen auf eine andere Sextechnik.

Deinen Muskeln beizubringen, daß sie sich entspannen sollen, ist keine leichte Aufgabe. Zuerst mußt du dich selbst davon überzeugen, daß du nicht verletzt werden wirst, und dann brauchst du einige erfreuliche Erfahrungen, um diese Einstellung zu bestätigen. Viele Frauen haben sich an eine bestimmte Dildogröße oder an eine bestimmte Anzahl von Fingern gewöhnt, könnten aber genausogut mit der ganzen Hand ihrer Geliebten vertraut werden. Die Erfahrung einer Geburt vergrößert deine Möse nicht, sondern überzeugt sie nur, daß eine solche Erweiterung möglich ist.

Auch die Frau, die das Fisten durchführt, hat oft Bedenken: „Was ist, wenn ich meine Hand nicht mehr rauskriege?" mag sie zum Beispiel fragen und sich ihre Hand im Schwitzkasten der Möse ihrer Partnerin vorstellen. Fürchte dich nicht, Kleopatra, deine Hand wird das Tageslicht wiedersehen. Der feste Griff, den du spürst, ist das Längen und Schwellen der Vagina und schafft das orgasmische Plateau, das du mit den Fingern fühlen könntest, wenn es nicht schon dein Handgelenk im Griff hätte.

Sie kann jetzt jeden Moment kommen, und wenn sie es tut, spürst du jedes Zusammenziehen, als ob es dein eigenes wäre. Danach wird sich ihre Vagina entspannen, und du kannst deine Hand mühelos herausziehen.

Eine meiner Freundinnen erlebte das einzigartige Vergnügen, zwei Frauen gleichzeitig zu fisten, mit einer Hand in jeder Pussy. Die beiden Frauen reagierten sehr unterschiedlich auf das Fisten – die eine fand es wundervoll, die andere fand es ziemlich schmerzhaft. Was war los? Nur weil du eine Partnerin erfolgreich gefistet hast, besitzt du noch lange keine Landkarte zur Möse jeder anderen. Es ist sehr unwahrscheinlich, daß die beiden gefisteten Frauen gleichartig erregt werden und daß sich ihre Vaginas zur selben Zeit zur gleichen Größe erweitern. Stell dir vor, zwei Ballons zu exakt der gleichen Größe aufblasen zu wollen. Der einzige Weg zum doppelfäustigen Wunderweib zu werden, besteht darin, jede Hand in dem besonderen Rhythmus zu halten, der auf die jeweilige Frau abgestimmt ist. Unmöglich? Klingt, als ob es die Übung wert sein könnte.

Verbrechen wider die Natur

Vergeßt Oliver North. Vergeßt Kaufhaus-Brandanschläge, Raubüberfälle, Taschendiebstahl und kriminellen Wahnsinn. Eine neue Welle von Verbrechen, über die zu berichten nicht einmal ein regionaler Nachrichtensender den Mumm hat, grassiert im Land: Sexspielzeug-Vandalismus. Mein Telefon hat sich zu einer Art Hotline für hysterische Opfer entwickelt, deren Dildo-Harnische gemopst oder deren Gummi-Spielzeuge verstümmelt wurden.

Gestern abend erst rief eine meiner liebsten Freundinnen an und erzählte mir vom ruinierten Camping-Urlaub mit ihrer Geliebten, bei dem jemand in ihr Zelt eingedrungen war und ihren schwarzen Beutel voller Sexspielzeuge geklaut hatte. Wert: einhundertfünfzig Dollar – ein durchaus üblicher Preis für Vibrator, Dildo, Harnisch und Gleitmittel.

Meine Freundinnen unternahmen beherzt das einzig Richtige – voller Entrüstung zeigten sie den Verlust sofort beim Parkaufseher an. Könnte er ein Verdächtiger sein? Hinsichtlich dieser gemeinen Verbrechen besteht eine hohe Dunkelziffer, aber indem sie verschämt verschwiegen werden, wird sich das Problem nicht in Luft auflösen.

Mein Ratschlag? Laß den Dildo ständig angeschnallt und befestige den Vibrator am Proviantgürtel oder am Wanderrucksack, vor allem in den großen Parks wie Grand Canyon und Yellowstone. So wirst du im Wald mehr Spaß erleben, und die Sorge, was wohl gerade im Standquartier vor sich geht, nagt nicht ständig an dir.

Die zweite Variante des Sexartikel-Vandalismus, die mir wiederholt zu Ohren kam, wird gewöhnlich von einer begangen, die du sehr gut kennst, also eine Ex- oder baldige Ex-Geliebte. Ich würde ja gern per Handzeichen sehen, wie viele von euch schon voller Entsetzen zusehen mußten, als eure Liebste zum Fleischermesser griff und den Gummischwanz in tausend Stücke hackte. Oder schlimmer noch: Sie nahm die Greueltat heimlich vor und stopfte die Überbleibsel in dein Kopfkissen oder in deine Schuhe. Diese Art von Untat ruft für gewöhnlich zunächst erst einmal Heiterkeit hervor, aber wenn du dann daran denkst, wieviel Geld dich die Sachen gekostet haben, vergeht dir das Lachen recht schnell.

Die Partnerin, die damals den Mut aufgebracht hat, den schmierigen Sexshop zu betreten und das wertvolle Stück zu kaufen, ist in der Regel nicht diejenige, die dem Spielzeug den Garaus macht. Anscheinend bleibt bei vielen Paaren die eine nägelkauend im Auto sitzen, während die andere sich bemüht, so auszusehen, als wüßte sie, was sie täte, wenn sie auf Zehenspitzen in „Bobs Phantastischen Pläsier-Palast" schleicht.

Es spricht nichts dagegen, daß du den Sexshop in deiner Nachbarschaft kennenlernst. Der „Bob" im Pläsier-Palast ist kein bißchen bedrohlicher als der Verkäufer bei Woolworth, und es wird niemand versuchen dich anzumachen.

Die männlichen Kunden im Laden haben mehr Angst vor dir als du vor ihnen. Sieh bloß, wie sie einen Haken schlagen, um dir den Weg zu den Brustnippleklemmen freizumachen. Das verleiht dir ein wunderbares Machtgefühl. Ich verstehe nicht, wie sich Männer an der Bushaltestelle so unverschämt benehmen können und es ihnen dann im Sexshop völlig die Sprache verschlägt, aber so ist es eben.

Doch kehren wir zurück zum Problem des beziehungskrisenbedingten Dildo-Vandalismus. Solch teure Zerstörung zu vereiteln bedarf größerer Sensibilität und Vorstellungskraft als das Vorbeugen gegen Raubüberfälle im Urlaub. Zuerst mußt du überlegen, ob du oder deine Geliebte ein heimlich angestautes Verlangen danach haben, einen Dildo zu tranchieren. Dieser Drang weist eine gewisse Hemmungslosigkeit auf und ist vergleichbar mit dem Verlangen, alles mit Sprühsahne zu verzieren oder vom Zehnmeterbrett zu springen. Es ist völlig legitim, solchen Begierden zu frönen, aber warte nicht bis zum Wutanfall, um sie auszuleben. Kauf dir noch heute eines von diesen Gummimonstern zu acht Dollar, und wenn du dich das nächste Mal zu bösen Streichen aufgelegt fühlst oder unbedingt deinem rasenden Haß auf deinen Vater, deinen Chef oder das Finanzamt Ausdruck verleihen willst, nimm dir Mr. Monster vor und zeig dem Gummi, was Sache ist. Auf diese Weise ersparst du dir eine teure und unnötige Therapiestunde.

Die intimen Spielzeuge aber, an denen dir wirklich liegt, verdienen den gleichen materiellen Respekt wie ein Abendkleid aus Goldlamé oder ein neues Motorrad. Einige von euch langjährigen oder quasi verehelichten Mädels beschwören den Ärger förmlich herauf, indem ihr den Dildo außerhalb eurer Hauptbeziehung einsetzt. Zumindest solltet ihr Kondome benutzen, wenn euch eure Gesundheit auch nur das geringste wert ist. Wenn ihr vermutet, daß es zudem Eifersuchtsreaktionen geben könnte, laßt die Ehetrophäe zu Hause und kauft euch ein zusätzliches Affären-Modell.

Wo ich gerade von diesem so wichtigen Einkauf spreche ... Ich habe so viele frischverliebte lesbische Paare gesehen, die direkt von der Schmuck- oder Bettwäsche-Abteilung bei *Macy's* zu *Good Vibrations* kamen, um jene intime Entscheidung gemeinsam zu treffen: Sollen wir den fliederfarbenen oder den fleischfarbenen nehmen?

Sechs Monate oder ein Jahr später kommt eine Hälfte des Paares wieder, normalerweise mit einem neuen Haarschnitt, aber für meine scharfsichtigen Augen unverkennbar. Sie gibt mit einem Seufzen oder Knurren zu, daß ihre bessere Hälfte das Nest verlassen hat und daß mit ihr der Zauberstab, der Analdildo und diverse Pfauenfedern von hinnen gingen. Was können wir in solchen Fällen sagen, außer c'est la vie? Einige vorsichtige oder gebrannte Geliebte entscheiden auf der Stelle, wer was kauft und besitzt, doch diese philosophische Einstellung zu neuen Romanzen entwickelt sich anscheinend immer nur entsprechend dem Lehrgeld, das bezahlt wird. (Wo ist mein Taschentuch ...?)

Wären wir alle reich, könnten wir es uns leisten, uns unseren launischen Eingebungen hinzugeben, aber die durchschnittliche Lesbe, die versucht, sich mit einem Sozialhilfe-Einkommen als Yuppie auszugeben, täte besser daran, während jener ersten Blüte der Lust die Kreditkarte in der Tasche zu lassen. Du möchtest keine neunzehneinhalb Prozent Zinsen für einen Dildo berappen, der dir abhanden gekommen ist.

Verdammt, Madame!

Wenn ich auf Safer Sex zu sprechen komme, ziehen die meisten Lesben ein Gesicht, als hätte ich ihnen einen Teller kalten Spinat vorgesetzt. Ich habe allerdings eine ganz andere Einstellung zu Safer Sex: Ich finde, daß er große Abwechslung in unser Sexleben bringt, die uns noch lange über die AIDS-Epidemie hinaus erhalten bleiben wird. Wenn du neue Wege in Erregung ziehst und dabei abgehst wie du es dir nie hättest träumen lassen, wirst du schließlich kaum deine neuen Methoden aufgeben, sobald jemand mit einem Impfstoff aufkreuzt.

Einige Sexpraktiken, die wir schon die ganze Zeit treiben, sind relativ „safe": Tribadie und Vibrieren zum Beispiel.

Doch ich würde gern zum Kern der bislang zu Unrecht verpönten Safer Sex-Utensilien vordringen: Kondome, Gummihandschuhe und die unbeschreiblichen Latextücher, die aus der Zahnchirurgie stammenden sogenannten „Kofferdämme" oder „Dental Dams".

Kondome stellen das großartigste Konsumgut seit Erfindung des Klopapiers dar. Jede, die sich einmal einen Dildo oder einen Vibrator mit einer anderen geteilt hat, weiß, wie leicht eine Pilzinfektion übertragen werden kann – von Herpes oder AIDS ganz zu schweigen. Normalerweise verlassen wir das Bett und waschen unsere Spielzeuge zwischen den verschiedenen Einsätzen. Du kannst aber auch Kondome neben dem Gleitmittel auf dem Nachttisch parat haben und deinem Gummi-Entchen in Null Komma nichts eins überziehen. Wenn du mit dem Spielzeug in eine andere Öffnung wechselst, streifst du den Gummi einfach ab und rollst einen neuen drauf. Kein Streß, keine abturnende Unterbrechung – du mußt nicht mehr zwischendurch aufstehen und deinen Dildo im Spaghetti-Topf kochen!

Als ich kürzlich auf einer Veranstaltung in Denver Gummihandschuhe vorführte, bekamen etliche Frauen im Publikum knallrote Ohren, als ich einen davon über meine Hand zog. Offensichtlich kannten sie die glatte, glitschige, großartige Erfahrung, von behandschuhten Fingern gefickt zu werden. Der Latex ist so gefühlsecht, daß die Trägerin jedes bißchen Hitze und Nässe spürt, während die Empfängerin alle Ein-Drücke ohne Kratzer abkriegt. Wenn ich Latex für Finger- oder Faustficks benutze, bin ich immer wieder überrascht, daß meine Hand trocken aus dem Handschuh kommt – die Feuchtigkeit hatte sich so hautnah angefühlt. Was ich als chronische Nägelkauerin besonders liebe, ist, daß die Säfte meiner Partnerin meine Haut nicht mehr reizen – nie wieder brennende Fingerspitzen! Ich jedenfalls werde es immer genießen, Latex zu tragen.

Nun zu dem Accessoire, bei dem alle immer so ein verkniffenes Gesicht machen: dem Dental Dam. Ich werde euch den Kopf ein für allemal zurechtrücken: Latextücher erschweren es dir nicht, auf traditionelle Weise zum Orgasmus zu kommen (Cunnilingus-Grundkurs), aber dank dieses kleinen fünfzehn mal fünfzehn Zentimeter großen Quadrats sexueller Befriedigung kannst du oralen Wonnen nachgehen, auf die du niemals zuvor gekommen wärst.

Die Feinschmeckerinnen-Technik Nr. 1 ist ein spezielles klitorales Vakuumsaugen. Zieh ein Tuch über die Klit deiner Geliebten. Taste mit deiner Zunge, bis du ihre Spitze unter der Kapuze spüren kannst. Schürze jetzt deine Lippen um diesen kleinen Bereich und sauge eine klitzekleine Gummiblase ein. Das führt zu einem netten kleinen Vakuumeffekt auf der darunterliegenden Klit. Du kannst im Grunde überall „Blasen-Saugen", aber als Fan direkter Stimulation mag ich persönlich die Klitblase am liebsten.

Das Geheimnis der Latextücher besteht in ihrem wahrhaft befreienden Effekt in Sachen Analsex. Wenn du ein Latex verwendest, kannst du deine Geliebte buchstäblich mit derselben Begeisterung „am Arsch lecken", die du sonst für das Küssen von Babies reservieren würdest.

Es ist interessant, daß herkömmliche Sexratgeber vor dem Arschlecken oder „Analingus" immer Einläufe und eine gründliche Reinigung empfehlen. Im wirklichen Leben (vor dem AIDS-Zeitalter) vermieden es die meisten Leute zu riskieren, buchstäblich Scheiße zu essen, indem sie ihren Mund niemals auch nur in die Nähe eines Arsches brachten, oder sie nahmen das kleine Risiko wohl oder übel in Kauf, um die Vorzüge dieses weichen, heißen Züngelns zu genießen, nach dem fast ein jeder Arsch verlangt. Heutzutage haben die meisten von uns wegen der furchterregenden Aussicht, AIDS zu bekommen, dem Arschlecken abgeschworen, wenn sie nicht in monogamen Langzeitbeziehungen leben.

Hier tritt der Dental Dam auf den Plan! Mit Hilfe dieser Latextücher kannst du die stundenlange Dusche überspringen, den Einlauf vergessen, die Monogamie eintüten und deine Hemmungen in den Müll schmeißen! Mit einem Latexviereck über dem Arsch deiner Geliebten kannst du nach Herzenslust lecken und schmecken.

Das Beste jedoch habe ich für den Schluß aufgespart. Seit meiner Sexerziehungs-Kindergartenzeit werde ich davor gewarnt, niemals mit dem Mund vom Arsch zur Möse zu wechseln, um keine Infektionen zu riskieren. Einbahnstraße! Sackgasse! Eintritt verboten! Als braves Mädchen paßte ich meine Sexgewohnheiten an, um dieses Tabu ja nicht zu brechen.

Doch nun stell dir mal folgendes vor: Mit einem Latextuch, vom Arsch zur Möse gespannt, kannst du voller Glückseligkeit von vorne nach hinten und von hinten nach vorn lecken, ohne zurückzuzucken. Ein tolles Gefühl! Kaum zu fassen, daß du damit ungestraft davonkommen sollst. Kaum zu glauben, aber das nennt sich Safer Sex.

Ja, es gibt einen Silberstreifen am Horizont der Furcht vor sexuell übertragbaren Krankheiten, und er ist auch in Pfefferminzgeschmack erhältlich. Lang lebe Latex!

Fisting II

O Lesbensex … Es geht nicht wie von selbst, nur weil du lesbisch bist. Wir hangeln uns irgendwie so durch und sehen uns schmutzige Filme an, um Tips zu bekommen, denn über eine Menge lesbischer Sexpraktiken wird nicht gesprochen.

Vor einiger Zeit hatte ich das Vergnügen, auf der „Living in Leather"-Konferenz in Seattle einen zweitägigen praxisorientierten Fisting-Workshop zu leiten. Ein solch unerhörtes Thema erforderte ein wenig Vorbereitung. LaMar, eine Tätowierkünstlerin aus Seattle, versprach, mir eine echte ärztliche Untersuchungsliege zu beschaffen. Ich gab eine Anzeige in den *Seattle Gay News* auf, um „vaginal entspannungsfähige Freiwillige" für die Demonstration anzuwerben.

Ich erhielt ein paar Anrufe von einigen verschrobenen Typen, aber dann meldete sich ein Juwel. Eine Frau namens Donna erzählte, sie und ihre Geliebte seien Fisting-Gourmettes, und sie selbst würde sich glücklich schätzen, Versuchskaninchen für mich zu spielen.

Der Gedanke daran, Donna persönlich zu treffen, machte mich nervös. Ich wollte eine kurze private Generalprobe vor dem eigentlichen Ereignis, aber wie sollte ich sie darum bitten? „Entschuldige, aber sollten wir es nicht einmal in geschlossener Gesellschaft tun, damit ich sichergehen kann, daß ich in deine Möse rein- und wieder rauskomme?"

Ich kehrte meine besten Susie Sexpert-Manieren hervor und schlug vor, daß wir erst einmal über die Einzelheiten reden sollten, was sich als unschätzbar wichtig herausstellte. Anders als manche Frauen, deren liebste Bewegung beim Fisting ein langsames Ballen und Entspannen der Faust ist, bevorzugte Donna eher drehende massierende Bewegungen. Sie zeigte mir, wo ich meine behandschuhten Finger zusätzlich mit Gleitmittel befeuchten sollte. Als wir uns dem Probelauf näherten, schlug ich vor, daß sie ihre Geliebte Carrie zum Händchenhalten mitbringen sollte. Unsere Probe verlief wie geschmiert.

Am folgenden Nachmittag drängelten sich sechzig Frauen in den unbelüfteten Raum, um am Workshop „Vaginales Fisten" teilzunehmen. Die Atmosphäre war so elektrisiert, daß du problemlos deinen ganzen Haushalt hättest mit Strom versorgen können. Zuerst verteilte ich meine Gummihandschuhe, Kondome und Latextücher und verlor einige Worte über Safer Sex-Techniken. Gummi- oder Vinylhandschuhe sind bloßen Händen beim Fisten eindeutig überlegen. Sie lassen sich besser schmieren und bieten eine glattere Oberfläche, was das Hineingehen erleichtert.

Ich fragte, wer im Raum mein erstes Essay über Fisten gelesen hätte, und zu meiner Überraschung hob jede einzelne die Hand. Ich erklärte, daß ich in allen Einzelheiten von ihren Erfahrungen hören wollte. Warum lieben wir Fisten? Tut es manchmal weh, und wenn ja, warum? Wie wirken sich Drogen, operative Eingriffe oder gesundheitliche Probleme aus? Gibt es so etwas wie Lampenfieber beim Fisten? Führt Fisten immer zum Orgasmus?

Einige Frauen klagten darüber, daß ihre Partnerinnen zu heftig gefickt werden wollten und daß sie Angst hätten, sie zu verletzen. Gerade als eine Übereinstimmung gegen heftiges Fisten zustandegekommen schien, meldete sich eine mutige Seele: „Ich liebe es, heftig gefickt zu werden. Ich mag es, wenn mein Gebärmutterhals hart gestoßen wird. Manchmal habe ich am nächsten Tag leichte Zwischenblutungen. Früher fürchtete ich, ich würde mich vielleicht ernsthaft verletzen, aber ich habe keine weiteren Symptome festgestellt."

Daraufhin herrschte Schweigen. So etwas kannst du nicht einfach deine Ärztin oder deinen Arzt fragen – nicht nur, weil es dir peinlich wäre, sondern weil die verdammte Ärztin selbst nichts darüber weiß! Wir tauschten uns darüber aus, was wir über die Empfindlichkeit des Gebärmutterhalses wußten. Stöße und Druck sind nicht unbedingt schädlich; in den Muttermund einzudringen ist gefährlich, aber das ist ganz und gar nicht das, worum es beim Fisten geht.

Eine andere Frau wies darauf hin, daß auch der Fisterin Gefahr drohen könne. Eine ihrer Geliebten sei einmal gekommen, während sie ihre zusammengerollte Hand in ihr hatte, und die Kontraktionen hätten ihr einen kleinen Handknochen gebrochen. Diese Erfahrung gab das Stichwort für eine Reihe praktischer Tips, wie du schnell wieder aus der Möse einer Frau kommst, wenn deine Hand in einem Vakuum gefangen ist. Die Methoden umfaßten, sanft auf den Unterbauch deiner Partnerin zu drücken oder mit einem Finger deiner freien Hand am Eingang der Möse zu zupfen, was das Vakuum löst. Ruhig abzuwarten, bis sich ihre Muskeln entspannen, ist die einfachste Methode. Gerate nicht in Panik – oder du stehst vor dem Problem, den Leuten erklären zu müssen, warum deine Hand in Gips ist.

Wir kamen dann zum Orgasmus. Ich fühle mich beim Fisten manchmal wie auf einem langen träumerischen, harten Ritt, was ein meditatives Gefühl erzeugt, nicht aber den hohen Grad an Erregung, der zum Orgasmus führen würde. Das ist ein so machtvolles Gefühl, daß ich mich nicht unbefriedigt fühle, und manchmal werde ich davon überrascht, daß ich schließlich doch komme. Mehrere Lesben im Workshop erzählten von ähnlichen Erfahrungen. Das Gespräch entwickelte sich zu einer Orgasmusdiskussion. Wir stellten fest, daß du, wenn du nicht orgasmusorientiert liebst, dennoch begierig sein kannst, andere Ziele zu erreichen. Es wurden noch viele Geschichten erzählt: Von Frauen, die sich manchmal beim besten Willen nicht fisten lassen und sich fühlen, als hätten sie versagt, wenn sie sich nicht öffnen können. Von Geliebten, die fürchten, ihre Freundinnen zu verletzen oder andere Dummheiten zu machen, wenn sie auf deren Vorwurf hin, sich beim Fisten nicht ausreichend zu bemühen, versuchen, etwas zu erzwingen. (Richtig.) Es ist gräßlich, wenn Fisten zum Lusttribut wird, den du zollen sollst, gerade so wie viele von uns sich veranlaßt fühlen, „zur richtigen Zeit und auf die richtige Weise" Orgasmen zu bekommen, um unsere sexuelle Kompetenz unter Beweis zu stellen. Diese Art von Einstellung lähmt!

Schließlich sagte eine Frau: „Ich wurde noch nie gefistet, aber ich genieße es, gefickt zu werden, und wenn es je passieren sollte – schön. Es bereitet mir aber keine schlaflosen Nächte. Ich liebe es auch, meine Partnerinnen zu fisten, deswegen bin ich heute hier."

Jetzt war es an der Zeit, die Untersuchungsliege herbeizurollen. Donna kletterte hinauf, und Carrie kuschelte sich an ihre linke Seite. Ich drückte den letzten Rest meines Gleitmittels auf meine behandschuhten Finger. Ich war so aufgeregt, daß ich mit der Hand fuchtelte und die Hälfte davon ins Publikum spritzte. Ich begann, mit dem Äußeren von Donnas Möse zu spielen, erzählte dabei, was wir am Vorabend besprochen hätten und wie hilfreich es sei, ein offenes Gespräch zu führen, bevor frau ranginge. Bald waren all meine Finger und der Daumen bis zu den großen Knöcheln in ihr drin. Mit einer schnellen Bewegung schlüpfte ich bis zum Handgelenk hinein. Unvermittelt hielt ich in meinem Vortrag inne und merkte, wie heiß es im Raum war: rote Gesichter, Stille, wo vorher ständig getuschelt worden war, und aller Augen gespannt darauf gerichtet, wie ich meine Hand hinein und heraus bewegte. Ich glaube, wenn ich es noch länger weitergetrieben hätte, wäre es zu einer Orgie gekommen, aber vorher wäre uns vermutlich der Sauerstoff ausgegangen.

„Ich werde jetzt rausgehen, okay? Kann eine die Tür öffnen, bevor wir alle in Ohnmacht fallen?"

Donna stand auf, und wir applaudierten uns gegenseitig. Ich begann meine Gummi-Utensilien einzupacken. Es erwies sich als schwierig, das Podium zu verlassen. Eine Frau nach der anderen kam zu mir und sagte, dies sei die beste Veranstaltung gewesen, die sie je besucht hätte. Fand ich auch.

„Was genau hat euch so gut gefallen?"

Lainie, eine der Organisatorinnen der Konferenz, antwortete: „Mir gefiel am besten, daß hier eine echte Lesbe eine echte Penetration durchgeführt hat."

Das traf tatsächlich den Kern der Sache. Ich bin hocherfreut, daß das Fisten, die geheimnisumwittertste all unserer Praktiken, sexuelle Fragestellungen aufwirft, für die wir Lesben Expertinnen sind.

Sex macht erfinderisch

Gibt es so etwas wie Sex-Freaks? Ich glaube, ich würde mich als solche qualifizieren, auf höchster wie auf niedrigster Stufe. Während meiner Arbeit bei *Good Vibrations* bestand eine der interessantesten Aufgaben darin, mit den ErfinderInnen zu reden, die gelegentlich in den Laden kamen, um einen neuen, verbesserten Orgasmus-Mixer vorzuführen.

Auf diese Weise lernte ich den Vibrator kennen, den du an deine Stereoanlage anschließen kannst. Der Vibrator nahm die Bässe auf und surrte mit der Musik mit. Leider gehörte er zu jenen qualitativ wenig überzeugenden batteriebetriebenen Plastikdingern, die nur mäßig surren, selbst wenn du Run-DMC spielst. Und wieder eine großartige Idee, die nie zu Ruhm gelang.

Ein Typ, den ich auf diese Weise kennenlernte, war Leonard Ginsberg, der Erfinder jenes kleinen schwarzen Kästchens, das sich „Humdinger" nennt. Du steckst dieses Goldstück in deine Steckdose und schließt dann deinen elektrischen Vibrator an den Kasten an. Wenn du dein Spielzeug einschaltest, erhältst du statt der normalen gleichförmigen Geschwindigkeit eine pulsierende Bewegung – etwa wie bei einem Stroboskop. Dieser Rhythmus führt dazu, daß es sich anfühlt, als hätte dein Vibrator seinen eigenen Kopf, denn er bereichert deine gewohnten Bewegungen um eine gewisse Unberechenbarkeit und vergrößert damit dein Vergnügen.

Ich sammle Dildos jedweder Art. Vor einigen Jahren machte ich eine interessante Entdeckung. Ich erhielt eine Broschüre aus Kansas, die für „das Familienjuwel in äußerst lebensechtem Design" warb. Die Abbildung zeigte peinlich genau nachgebildete

Plastik-Penisse in drei verschiedenen Farbschattierungen. *Good Vibrations* bestellte ein Muster. Trotz der gigantischen Versprechungen des Herstellers erwartete ich nicht allzuviel.

Doch als ich die Lieferung öffnete, schrie ich Zeter und Mordio. Ich glaubte, ein Perverser hätte uns einen echten Schwanz geschickt. Dieser Dildo ist so naturgetreu, daß du ihn im Bio-Unterricht zu Demonstrationszwecken einsetzen könntest. Das einzig Unnatürliche daran, darauf wiesen unsere männlichen Kunden hin, ist, daß der „Kleine" gigantisch ist und der „Große" schlichtweg Orgienmaße aufweist. Aber wir Lesben können zu unserer Größe stehen, ohne es persönlich zu nehmen, nicht wahr, Mädels?

Pflichtbewußt nahm ich ein Familienjuwel mit nach Hause, um zu sehen, was meine Geliebte dazu zu sagen hätte. Sie entdeckte, daß es genau zwischen den dritten und vierten Knopf ihrer Levis paßte. (Ich wußte doch, daß diese Plastik-Gurken zu irgend etwas taugen!) Es fühlte sich ziemlich gut an, fester als die Silikon-Dildos, aber wesentlich biegsamer als jene harten Plastikdinger, die du im normalen Sexshop findest.

Es gab nur ein Problem: egal, ob du deine Partnerin mit dem „Weißen", dem „Mulatto" (ich sage nur, Kansas City ...) oder dem „Schwarzen" dekoriertest – irgend etwas in der Farbe des Produktes vertrug sich nicht mit der Vagina. Wir stellten nach etwa einem Monat Sexspielen fest, daß unser Familienjuwel aussah wie vom Aussatz befallen. Wenn sich die Farbe ablöst, sieht er zum Kotzen aus. Was sollten wir tun? Kundinnen und Kunden reklamierten. Die Firma, die das Familienjuwel herstellte, versicherte uns, die Farbe sei nicht giftig, aber das war nicht mein Hauptproblem – der Anblick war die reinste Augenbeleidigung.

Ich habe schon mal erwähnt, daß das Beste, was mir untergekommen ist, seit ich zum ersten Mal eine Stange runtergerutscht bin, die Safer Sex-Techniken sind, und mein aktuelles Problem bestätigte dies erneut. Ich begann, Kondome mit all meinen Dildos zu benutzen, damit ich ihnen nicht ständig Schaumbäder verabreichen mußte, und wir stellten fest, daß das Familienjuwel mit Kondom eine unschlagbare Kombination ergab. Mein „farbiges" Juwel mutiert nicht mehr.

Ich kann nicht vom Safer Sex lassen, ohne die wundervolle neue Erfindung von *Stormy Leather,* den „Dammit", zu erwähnen, den sie kreierten, nachdem sie über meine Lust auf Latex gelesen hatten. Der „Dammit" ist eine Kombination aus Harness und G-String, der ein Latextuch an Ort und Stelle hält, so daß deine Hände frei sind, um woanders ihr Spielchen zu treiben.

Vor einiger Zeit hielt ich bei einer Frauen-Erotika-Nacht in Santa Cruz einen Vortrag über Safer Sex als Teil eines AIDS-Benefiz. Ich hatte schon oft Safer Sex-Workshops mit kleinen Gruppen durchgeführt, aber als ich an jenem Abend mit meiner schwarzen Doktor-Tasche vor vierhundert Leute trat, merkte ich, es war Showtime angesagt. Ich warf Latextücher mit Pfefferminz- und Schokoladengeschmack ins Publikum. Ich forderte die Teilnehmerinnen auf, meine latexbehandschuhten Finger zu lecken. Ich erzählte ihnen jede schmutzige Einzelheit, die ich jemals mit einem Gummischutz getrieben hatte.

Schließlich bat ich um eine Willige, um die Anwendung des „Dammit" vorzuführen. Eine schmale, grauhaarige Lesbe kletterte auf die Bühne, noch bevor ich den Satz zu Ende gebracht hatte. Glücklicherweise hatte sie genau die richtige Größe – die Riemen glitten über ihre Jeans wie für sie gemacht.

„Mach die Beine breit", sagte ich zu ihr, noch bevor wir uns miteinander bekannt gemacht hatten – es war schließlich eine Vorführung.

„... und so würde ich sie jetzt lecken", rief ich der Menge zu, und sank – hoffentlich graziös – zu Boden, um meinen Kopf zwischen ihre Beine zu stecken. Ich drückte mein Gesicht an ihren Latex-Schoß, aber es war nicht der Augenblick zu verweilen. Schließlich konnte ich sie, eine Amateurin, nicht länger allein diesem wilden Mob aussetzen. Santa Cruz war in Hysterie verfallen, und ich schrieb das der sexuellen Verklemmtheit zu, an der die Stadt seit den Sechzigern leidet.

Mein Auftritt war zu Ende. Ich wünschte allen eine gute Nacht, verließ die Bühne und stolperte mitten in eine Gruppe von freudetaumelnden Bühnenarbeiterinnen.

„Weißt du, wer das war, an der du da gerade runtergegangen bist?" schrien sie.

„Nein ... Warum? Ist sie berühmt?"

„Sie ist die evangelische Uni-Pastorin!" kreischten sie.

Da hast du Santa Cruz – eine feministische, psychedelische College-Stadt, wo sie ganz aus dem Häuschen waren über die Frauen-Erotika-Nacht, und trotzdem weigert sich der einzige Buchladen der Stadt, der schwullesbische Literatur führt, *On Our Backs* zu verkaufen, weil das „Gewalt gegen Frauen" sei.

Ehrlich, meine Latextücher haben keiner weh getan – vielleicht retten sie einige Leben. Die Pastorin wird sich für mich verbürgen.

Gay Day Mama

Ich gehe seit neun Jahren zur Gay Parade in San Francisco, aber immer als Zuschauerin, niemals, um mitzulaufen. Die Vorstellung, in der Gruppe „Lesbische Befreiung – noch in diesem Leben!" festzustecken und so all die Musikbands, die Kostüme, die Gruppen „Schwule Väter", „Lesbische Anwältinnen" und „Androgyn & Außergewöhnlich" zu verpassen, kann ich einfach nicht ertragen. 1987 hätte ich fast nachgegeben und mich für das „Dressurteam Präzises Peitschen" eingetragen. Doch sie statt dessen an Tausenden von ZuschauerInnen peitschenknallend vorbeimarschieren zu sehen, die nicht wußten, ob sie lachen, kreischen oder kommen sollten, war ein unbezahlbares Spektakel, das ich nie vergessen werde.

Dieses Jahr, einen Monat vor der Gay Parade, weidete sich meine Geliebte Honey Lee am Anblick ihrer neuen BMW. „Ich werde mich dieses Jahr den ‚Dykes on Bikes' anschließen. Willst du mitfahren?"

Ich war versucht. Ich war ganz kribbelig. Es ließ mir keine Ruhe. Die „Dykes on Bikes" führen die Parade jedes Jahr an und sind gewöhnlich die schärfsten Frauen des ganzen Zuges. Andererseits, wer will schon auf einer Geländemaschine vorneweg schleichen, während der Rest des Vergnügens hinterherkommt?

„Okay", sagte ich, „ich fahre die ersten paar Straßen mit, danach steige ich ab und sehe mir die anderen an."

An jenem Morgen machte sich Honey Lee auf den Weg zum Schulgebäude, wo sich die „Dykes on Bikes" trafen. Ich nahm mir die Zeit, jedes Stück Leder anzuziehen, das ich in der Wohnung finden konnte. Das Beste waren die Armstulpen und die schenkelhohen Leggings aus Leder, in denen ich, zusammen mit meinem umwerfend dekolletierten Minikleid aussah wie Catwoman auf dem Sprung.

Eine meiner Lieblingsbeschäftigungen am Gay Day ist der Weg dorthin. Die meisten Leute nehmen öffentliche Verkehrsmittel, um den Ort des Geschehens zu erreichen. An meiner Straßenbahnhaltestelle zum Beispiel warteten fünfzehn entzückende Schwule und Lesben darauf, sich in die Wagen zu quetschen, die schon mit glücklichen Homos und zwei verwirrten Heteros vollgestopft waren.

Einer der Gründe, warum ich Leute, die noch nie am Gay Day in San Francisco waren, so bedauere: weil sie noch nie erlebt haben, wie es ist, eine Stadt zu besetzen. Die ganze Welt steht Kopf, und die Heteros, die uns normalerweise unterdrücken, übersehen oder Gott weiß was über uns denken, werden von unserer Flutwelle erfaßt. Du kannst ihnen ihre Gedanken förmlich vom Gesicht ablesen: „Stimmt was nicht mit mir? Warum bin ich nicht lesbisch/schwul? Warum sind die so glücklich?"

Warum wir so glücklich sind? Das ist das Ergebnis der sexuellen Befreiung, Freundin!

Aber zurück zum Schulhof. Meine Mitfahrgelegenheit wartete am Ende der Schlange auf mich. Ich sprang auf und überprüfte meinen Lippenstift im Seitenspiegel. Sozia-Schönheiten aller Länder vereinigt euch! Ich wußte, daß dies ein Riesenspaß werden würde.

In der Sekunde, wo wir in die Straße einbogen, fing die Menge an zu brüllen. Ich lächelte den ZuschauerInnen zu, und sie jubelten. Dutzende von Kameras klickten. Na, wenn sie das schon für ein Lächeln taten ... Ich beschloß, ihnen mehr zu bieten. Ich streckte meine lederumflochtenen Beine in die Luft und präsentierte ihnen meine umwerfenden Titten so offenherzig wie möglich.

Welch eine Reaktion! Blitzartig überfiel mich die Erkenntnis, daß in jeder der „Dykes on Bikes" eine heimliche Paraden-Königin steckt. Die Menge bejubelte eine jede von uns wie einen unumstrittenen Star. Ich probierte ein kleines Lady-Di-Winken. Ich rieb mich von hinten an meiner Geliebten. Jede meiner Gesten zog brüllenden Applaus nach sich. Ich hatte niemals so viel Beifall bekommen, seit ich im Kindergarten Schneewittchen gespielt habe.

Wenn die Motorräder das Ende der Route erreichen, werden sie auf einem Gelände so groß wie ein Sportplatz aufgebockt. Dann fängt die echte Anmache an. Mädels mit Fotoapparaten und quasi Karteikästen für Telefonnummern rennen herum. Ich ließ meine Liebste nur einen kurzen Moment allein, um meine Klamotten zurechtzurücken. Als ich hinüberblickte, um zu sehen, was sie trieb, beugte sich gerade eine große Butch mit silbernem Haar über sie, um ihr Feuer zu geben.

Ich glaube, ich hatte noch nie zuvor zugesehen, wie eine Fremde einfach meine Geliebte anmachte. Ich kriegte eine Gänsehaut.

Nun denn, es war Zeit, mit dem Herumschwirren und Flirten aufzuhören und zum *On Our Backs*-Stand hinüberzugehen, wo wir zweitausend Exemplare der neuesten Ausgabe und ein paar Dutzend *Born-to-fuck*-Buttons verkaufen wollten. Ich machte mich auf in Richtung unserer pink-schwarzen Flagge, die vor dem Rathaus-Springbrunnen flatterte.

Mich vom Schwarm der „Dykes on Bykes" abzuwenden, war ein bißchen so, als ob ich eine Orgie verließe – das typische Tief nach einem Auftritt. Jetzt war ich eine ganz normale Lesbe in einem Meer von 260000 anderen Lesben und Schwulen.

Doch gerade als ich mich voll durchhängen lassen wollte, bemerkte ich eine Gruppe von aufgeregten Spaßvögeln, die in meine Richtung zeigten und kreischten. Aus zehn Meter Entfernung konnte ich sie nicht erkennen, aber offensichtlich war es eine Horde von Fans – nichts wie ran! Wir flogen aufeinander zu wie in einem Haarpflege-Werbespot. Je näher wir uns kamen ... desto seltsamer sah es aus.

„Sie ist 'ne *echte* Frau!" keuchte jemand von ihnen.

„Echtere gibt es kaum", antwortete ich.

Das hatte ich schon öfter erlebt. In Absätzen fast einsachtzig, werde ich in Schwulenbars und bei Genderfuck-Treffen häufig fehlidentifiziert. Doch zur Hölle mit ihrer Fehleinschätzung – ich war die perfekte Gay Day Queen.

Invasion vom Planeten der Girls

Vielleicht haben sich die Zeiten tatsächlich geändert, seit Madonna angefangen hat, die New Yorker Lesbenbars zu beehren. Doch auf das neue Avantgarde-Lesbentum des Big Apple war ich wirklich nicht vorbereitet. Ich besuchte die Stadt, um für mein neues Buch, *Herotica,* zu werben, und mir wurden die Augen geöffnet. „I have ridden the A train and I see the future ..."

Den ersten flüchtigen Eindruck des neuen Trends erhaschte ich auf einer Party, die in der neuesten lesbischen Spelunke stattfand, einer Disco namens *Girl World,* die in den Kellerräumen unter dem schicken Schwulenclub *The World* eröffnet hatte. Zu Beginn des Abends hielt ich es für unwahrscheinlich, in meinem kurzen, trägerlosen roten Latexminikleid als Mauerblümchen sitzenzubleiben, auch wenn ich im Dunkeln neben meinem Büchertisch hockte. Doch keine zeigte auch nur das geringste Interesse.

Eine meiner Anstandsdamen, Liz, riß mich aus meinem Trübsinn. „Dies ist meine Freundin Jeep – ich habe sie angefleht, herzukommen, damit sie dich kennenlernt."

Ein kurzer Blick auf Jeep überzeugte mich, daß sie um buchstäblich alles gebeten werden mußte – sie war von Kopf bis Fuß als Top-Lederkerl verkleidet: Jeans, Nietenjacke, Motorradstiefel, Brando-Mütze.

Ich hatte Jeep schon mal gesehen, und zwar im Fernsehen. Sie war etwa drei Monate zuvor Gast in einer Talkshow gewesen, wo sie allerdings ein völlig anderes Outfit getragen hatte. Sie hatte zusammen mit meinem Vorbild Betty Dodson, der Masturbationsspezialistin, auf einem Podium gesessen und mit ihr über die

Freuden der Selbstbefriedigung diskutiert. In meinem ganzen Leben habe ich noch kein gemeineres Talkshow-Publikum gesehen. Obwohl Jeep, Betty und die beiden anderen Gäste anständig angezogen waren und sehr gesittet über die Vorzüge der Selbstbefriedigung sprachen, hätte dieses Publikum wahrscheinlich einem Axtmörder mehr Sympathie entgegengebracht.

Nicht genug damit, daß sie Masturbation als Ursprung allen Übels verrissen – einige Studiogäste knöpften sich insbesondere Jeep vor, die sich Beschimpfungen anhören mußte wie „Du mußt wohl masturbieren, weil du keinen Mann kriegen kannst?!". Dieser letzte Kommentar brachte mich so in Rage, daß ich Bettys Nummer in New York wählte. „Ich schaue mir gerade *Apocalypse Now* an", sagte ich, und sie wußte sofort, worauf ich anspielte. „Wie konntest du angesichts dieses Ku-Klux-Klan nur so tapfer und gelassen bleiben?"

„Weil mein Astralleib meinen irdischen Körper in der zweiten Hälfte der Show verließ", antwortete Betty.

„Hast du deshalb bloß gelächelt und gesagt, ‚Ja, ist das nicht wunderbar?', als einer dieser Idioten wissen wollte, ob du für die Teilnahme an deinen Masturbationsorgien Geld verlangst?"

Betty lachte.

„Sag mal, wer ist die bezaubernde Frau an deiner Seite? Bitte sag, daß sie lesbisch ist."

Betty bestätigte meine TV-Hellseherei und erzählte mir haarklein den neuesten Klatsch und Tratsch über Jeep, den ich hier unmöglich wiedergeben kann.

Dies war sie nun also, die berühmte Jeep. Da stand sie vor mir und sah aus, als ob sie der gesamten Talkshow Tittenklemmen verpassen und sie um Zugabe flehend zurücklassen könnte.

Ich stellte mich vor und sagte, ich bewunderte den Mut, den sie im landesweiten Fernsehen gezeigt hätte.

Sie legte ihre Hand auf meinen verschwitzten Latexschenkel. „Ich will alles über dich wissen."

Was? Warum ist mein Kopf bei solchen Bemerkungen immer wie leergeblasen? Ich wies mit der Hand auf den Stapel *Herotica* auf dem Tisch. „Das ist mein Leben", sagte ich und klang wie Mutter Theresa.

Jeep gab sich mit meiner noblen Geste nicht zufrieden.

„Ich schenk' dir was", meinte sie, riß sich die Ledermütze vom Kopf und griff hinein. Sie holte etwas Blaues heraus und drückte es mir in die Hand. Ich schloß meine Finger darum und fühlte den Folienrand. Es war ein Kondom. Ich öffnete meine Hand, um mich davon zu überzeugen. Dies war wirklich die raffinierteste Anmache, die mir je in einer Lesbenbar untergekommen war – einer Lady ein Kondom zuzuspielen. Von wegen langwieriges Vorspielgeplänkel! Ich war tief beeindruckt – und verlegen.

Meine äußere Schale aus rotem Latex barg die Finesse einer ungehobelten kalifornischen Hippiebraut. Ich bin an Leute gewöhnt, die mir Massagen anbieten, nicht Kondome. Heute weiß ich natürlich genau, was ich hätte sagen sollen. Ich hätte ihr direkt in die grünen Augen blicken und fragen sollen: „Wie groß ist er genau?"

Aber Jeep war mir meilenweit voraus. „Ich hab' noch was für dich", verkündete sie. „Eine kleine Performance."

Hier? Jetzt? Sie stand auf und baute sich vor mir auf. Die DJ drehte die Platte um. Jeep trat zurück und hielt mich in ihrem Bann, als hätte sie mich hypnotisiert. Dann fing sie an zu strippen. Oh, es war entschieden ein Strip-Tease – sie warf ihre Mütze zur Seite und nahm sich Zeit, genüßlich ihre Jacke abzustreifen. Darunter trug sie einen Körperharness. Sie bewegte sich langsam und sexy, als wollte sie sagen: „Dies ist nur für dich, auch wenn ich weiß, daß alle zusehen."

In der Tat – alle starrten sie an. Ich war froh, daß es dunkel und verraucht war, so daß keine mein Gesicht sehen konnte. Ich war gerade noch geistesgegenwärtig genug, um ein paar betrunkene Weiber wegzuschubsen, die es wagten, unsere private Bühne zu überqueren. Jeep entblößte nicht noch mehr Haut. Sie nahm meine Hand und zog mich mitten auf die Tanzfläche. Unsere unterschiedliche Körpergröße muß sie überwältigt haben, aber sie ließ sich nichts anmerken. Ich war mindestens dreißig Zentimeter größer als sie – oder, um es in den Worten meiner Freundin Sherry auszudrücken: „Du hast so ein Glück – die meisten Frauen reichen dir entweder bis zur Möse oder bis zu den Titten."

Ich fand, daß wir trotz des Spektakels wirklich gut miteinander tanzten. Weiß der Himmel, was sie als nächstes aus der Tasche gezogen hätte, wären wir nicht von zwei alten Freundinnen unterbrochen worden, die mich mit einer Bärenumarmung dem Bann entzogen.

„Jeep, es ist zu chaotisch hier mit all diesen Frauen. Ich kann mich dir nicht so widmen, wie ich möchte. Gib mir deine Telefonnummer." Ich reichte ihr einen Stift und das Kondom. Sie kritzelte genau in den eingedrückten Kreis. Wieso werden diese Dinger nicht gleich wie Visitenkarten bedruckt?

Am nächsten Abend wurde ich von einer Journalistin interviewt, die nicht in New York lebte. Sie schien mir ideologisch wohlgesinnt, aber persönlich enttäuscht und unbefriedigt sowohl von *On Our Backs* als auch von *Herotica*. Irgendwann fragte sie: „In eurer Sommerausgabe ist eine Geschichte von Joan Nestle abgedruckt, in der eine Frau ihre weibliche Geliebte darum bittet, ihren Schwanz zu lutschen. Wie erklärst du das?"

O Erbarmen – das war die feministische Version der Frage „Warum ist der Himmel blau?" Normalerweise habe ich einen beschwichtigenden Redeschwall als Antwort in petto, aber diesmal war ich es einfach leid. Ich nahm Jeeps Kondom, das auf dem Hotelnachttisch lag.

„Warum? Weil manche Lesben auf Schwanzlutschen stehen. Eine ehrlichere Antwort kann ich dir nicht geben."

Von da an ging es bergab. Als sie gehen wollte, plagten mich Schuldgefühle, weil ich ihr kein besseres Interview gegeben hatte.

„Was denkst du wirklich? Bist von *On Our Backs* und den ganzen lesbischen Sexmedien angeödet?"

„Nein, ich schätze eure Arbeit wirklich – es ist nur so, daß ... nun, wenn ich mich anturnen will, lese ich keinen lesbischen Kram. Ich kaufe Schwulenpornos."

Klick! Danke, Lois Lane, für die Aufklärung eines einstündigen Mißverständnisses. Ich sollte immer daran denken: in der Talkshow, außerhalb der Talkshow, in San Francisco und in Manhattan – der Schein kann trügen.

China Girl

Vor ein paar Wochen erzählte mir meine Freundin Margaret, sie hätte einige ihrer eher schüchternen Freundinnen dazu überredet, eine Sex-Gesprächsgruppe zu gründen. Sie erklärte mir, daß diese Frauen zu jenen gehören, die niemals einen Sexshop betreten würden, egal wie einladend oder frauenorientiert er wäre. Nichtsdestotrotz seien sie alle neugierig auf Sexspielzeuge, und Margaret fragte mich, ob sie sich für eine Vorführung ein paar meiner Lieblingsstücke borgen könnte.

„Klar, komm vorbei", sagte ich, „aber du mußt sie morgen zurückbringen. Sie bilden das Fundament meiner psychischen Gesundheit."

„Ist das alles?" fragte Margaret, als sie in meine Wundertüte guckte. Sie war enttäuscht, weil ich ihr nur eine Handvoll Sachen eingepackt hatte. Aber ich hatte nicht die Absicht, mich in Entschuldigungen zu ergehen.

„Sieh mal, Maggie, wir beide wissen, daß dieser Tinnef mit fünf rotierenden Köpfen und Autopilot einem Zauberstab und ein paar gutsitzenden Dildos nicht das Wasser reichen kann."

Sie verstand, worauf ich hinauswollte, und trabte los, um mit ihrer Gruppe das Beste daraus zu machen. Aber unsere Unterhaltung brachte mich zum Nachdenken. Ich wollte schon immer mehr von Sexspielzeug, allerdings nicht in dem Sinne, in dem die Hersteller denken. Die Männer, die dreiundneunzig Tage vorprogrammierbare, doppelspurig kompatible Was-weiß-ich-für-Systeme mit Autoreverse basteln, übertragen dieses Denken auf die Entwicklung von neuem Sexspielzeug. Dabei wollen Frauen doch bloß, daß Form, Größe, Power und Handhabung gründlich durchdacht und die Spielzeuge frauengerecht konstruiert werden.

Ein Beispiel zur Verdeutlichung: Joani Blank, die Besitzerin von *Good Vibrations,* präsentierte mir einen Prototyp von einem Erfinder aus dem Mittleren Westen, der einen verzweifelt ernsten, vierseitigen Brief mitschickte, in dem er all seine Hoffnungen und Träume, die sich um seine Erfindung rankten, beschrieb.

Dieses komische Gerät hatte einen Aufsatz für die Klit, einen für den Arsch, einen für den Möseneingang, einen für tiefer drinnen, Druckknöpfe, um es an einem Strumpfhalter festzumachen, und eine batteriebetriebene Steuereinheit. Alles aus ein und demselben Stück Plastik.

Klar würde ich mal wieder das Versuchskaninchen spielen. Aber mein Urteil war absehbar. Batteriebetriebene Erfindungen taugen einen Scheiß. Und das kleine Biest war häßlich, mit und ohne angeclipte Spitzenstraps. Ganz zu schweigen davon, daß etwas mit so vielen Anschlüssen und Aufsätzen kaum jeder Frau passen wird.

Wenn es Vibrator heißt, soll es vibrieren, verdammt noch mal! Nicht nur summen wie der Fernseher nach Programmschluß. Ich ziehe außerdem Spielzeuge vor, die schön anzuschauen sind, gerade so wie Schmuck oder jedes andere Accessoire. Und schließlich können wir, egal, worum es geht, niemals zu viele Größen und Ausführungen zur Auswahl haben. Müssen wir den „Sexspielzeug für alle Größen e.V." gründen, um uns begreiflich zu machen? Müssen wir Hella dazu kriegen, ins Dildogeschäft einzusteigen? Es gibt zu wenige sehr kleine und zu wenige sehr große Dildos. Das gleiche gilt für dicke und dünne.

All diese Grübelei brachte mich dazu, mir zu überlegen, was sich im Spielzeug-Business verändert hat, seit ich anfing, im Bereich Sexerziehung zu arbeiten. Unsere Bemühungen sind nicht völlig umsonst gewesen. Ich erinnere mich an meine frühen Tage als Einkäuferin für *Good Vibrations.* Ständig flehte ich: „Könnten Sie diese Joysticks in einer anderen Farbe als *Dead on Arrival* herstellen?"

Heute, sieben Jahre später, kannst du in den schäbigsten Sexshop gehen und findest dort Vibratoren in Rosarot und Himmelblau. Lach nicht! Das ist eine direkte Antwort auf die weibliche Stimme auf dem Markt der Sexspielsachen, also genießen wir unser Verdienst! Wir haben die Welt des genitalen Plastikzeugs um ein bißchen Farbe und Phantasie bereichert, und zwar im Sinne dessen, wozu diese Spielzeuge dienen: dem Vergnügen, nicht der Schuld und der Geheimniskrämerei.

Die Silikondildos der New Yorker Firma *Scorpio Products* stellten in den frühen achtziger Jahren eine Revolution auf dem Dildomarkt dar. Gosnell Duncan, der Erfinder und Hersteller, hatte begriffen, wie wichtig Größen, Vielfalt und Sinnlichkeit seiner Modelle waren. Jetzt, Jahre später, gibt es die ersten lesbischen Dildo-Produzentinnen. Klein und sexperimentell und darauf aus, eine Welt zu verändern, die Beate Uhse und Konsorten – Quelle so vieler gummiartiger „Liebes- und Ehehilfsmittel" – zur Mittelmäßigkeit hat verkommen lassen.

Trilby Boone, unsere erste lesbische Spielzeug-Designerin, erzählt, sie hätte sich schon immer maßgeschneiderte Dildos gebastelt, um ihren Geliebten Freude zu bereiten. Dazu habe sie eines dieser häßlichen orangefarbenen Gummiteile über der Gasflamme ihres Herdes erhitzt und es dann mit ihrem Taschenmesser zurechtgeschnitzt. Cindy Burns, die zweite talentierte Unternehmerin, kann nicht so romantische Anfänge nachweisen, hat aber dennoch erkannt, daß es offensichtlich ein Bedürfnis gab: Alle waren unzufrieden mit der Qualität und Auswahl massenproduzierter Sexspielzeuge.

Ich nehme an, du willst jetzt wissen, wie diese neuen Dildos aussehen. Trilbys Modelle wirken wie Zeichnungen aus dem Skizzenblock einer Künstlerin: Dildos in Form von Ballerina-Beinen, Delphinen, Maiskolben, Göttinnen-Figuren, um nur einige zu nennen. Ihre dünnsten Modelle entsprechen dem Umfang eines kleinen Fingers, und die dicksten haben einen Durchmesser von ungefähr sechs Zentimeter. Einige ihrer Modelle sehen aus, als sei in der Knetgummi-Fabrik ein Unglück passiert, aber ihre besten Kreationen sind einfach zauberhaft.

Cindys Kollektionen hingegen sind alles andere als schnuckelig. Sie wirken eher ursprünglich oder fantasymäßig. Sie sind größer und gewichtiger als alles, was ich bisher in dieser Art gesehen habe, und sie haben schlichte Formen: entweder wie ein Schwanz oder wie raffiniert modellierte Säulen. Wahrhaftig – die Persönlichkeit dieser beiden Frauen drückt sich in ihrer Arbeit aus. Cindy ist die Art von Lesbe, die du direkt nach dem Kennenlernen anflehen würdest: „Nimm mich hinfort, Herrin, und benutze mich nach deinem Belieben!", wohingegen Trilby von jener Sorte ist, zu der du sagen würdest: „Besorg's mir gut, Süße – zeig mir, was du kannst!" Frau braucht bekanntlich beides.

Ich bin so stolz, daß die Kreativität und die Intelligenz von Frauen endlich in Wirtschaftszweigen zum Ausdruck kommt, von denen wir alle profitieren können. Wir hatten schon immer ein Talent dafür, die herkömmlichen Fabrikmodelle aus der sexuellen Vergnügungswelt für unsere Zwecke tauglich zu machen und unsere persönlichen Lustmittel im Küchenschrank oder Garten zu entdecken. Aber wie oft wagen wir den Schritt, unsere Schätze anderen zugänglich zu machen? Unser Schwachpunkt heißt Öffentlichkeit.

Ein letzter Hinweis für Sexperimentierfreudige: Der neueste Schnäppchenladen für erotische Erfindungen ist der Bioladen oder das Fachgeschäft für chinesische Heilkunst. Letzten Sommer ging mir ein Licht auf, als eine Freundin mir ein Paar chinesische Heilkugeln überreichte, wunderschöne silberne Kugeln, etwas kleiner als Tennisbälle, in einem mit schwarzem und rotem Satin ausgeschlagenen Kästchen. In den Kugeln befinden sich Gewichte, die wie fernes Glockenläuten klingen. Angeblich dienen die Kugeln dazu, Arthritis, Bluthochdruck und andere Krankheiten zu kurieren, indem du sie achterförmig gegeneinander in deiner Handfläche kreisen läßt.

Wie dem auch sei, mir kam ein anderer Behandlungsplan in den Sinn. Diese dicken Perlen sahen aus wie das, was Ben Wa Kugeln immer bewirken sollen, aber nie bringen. Ich steckte eine in meine Möse. Rund wie sie war, glitt sie problemlos hinein. Anfangs fühlte ich mich ein bißchen wie eine schwangere Auster. Ich wollte mich auf den Schoß einer Liebsten setzen und die Gans mit den Goldenen Eiern spielen. Ich streichelte meine Klit ein bißchen und fühlte, wie die Kugel leicht in mir herumrollte ... Ich mußte die zweite reinschieben.

Dieses „Kugeln" fühlt sich nicht an wie Fisten, weil die Kugeln kleiner als ausgewachsene Fäuste sind, aber beide zusammen beanspruchen doch ganz schön Platz. Ich war sehr feucht und konnte kaum den Ernst aufbringen, mein Sexperiment zu beenden, aber ich drückte die zweite Kugel an meinen Lippen vorbei. Sie paßte nicht ganz hinein. Ein Teil lugte aus meinem Möseneingang hervor. Himmlisch! Fast drin/fast draußen ist meine liebste Methode zum Verrücktwerden.

Ich schaukelte auf meiner Decke vor und zurück, und aus meinem Bauch erklang das Echo der Glöckchen. Es kam mir vor wie ein tibetanisches Sex-Mantra. Ich kam, und das erste silberne Ei sprang heraus.

Die zweite Kugel blieb zwischen den oberen Wänden meiner Möse eingekuschelt, bis sich die Muskeln etwa fünfzehn Minuten später entspannten. Ich hatte nie zuvor bemerkt, wie lange meine Vagina braucht, um zu ihrem ursprünglichen engen Zustand zurückzukehren, gewann also zusätzlich noch eine unerwartete wissenschaftliche Erkenntnis.

Muß ich Richard Nixon für meine Bekanntschaft mit der Welt der chinesischen Einfuhrartikel danken? Angeblich sind diese Kugeln nur eines von vielen anregenden Produkten, die wir dank des amerikanischen Interesses an Akupunktur und traditioneller Heilkunst auf dem uns neu erschlossenen Markt finden können.

Auf welche Weise werden Lesben die Führung im neuen orientalischen Erotizismus übernehmen? Ich glaube, ich werde noch ein wenig darüber meditieren.

Weg mit den Samthandschuhen!

Ich schwinge gern spontan Reden in der Öffentlichkeit. Ich habe zwar noch nicht in Speaker's Corner auf einer Seifenkiste gestanden, aber immerhin schon von einer Bierkiste aus agitiert. Widerspruch bringt mich erst recht in Fahrt. Nichts bringt mein Blut mehr in Wallung als eine Unterrichtsstunde in Sachen „Sexualkunde" in der High-School, wo der erste Schüler fragt: „Warum sind Lesben immer so fett und häßlich?" Bei diesen besonderen Gelegenheiten, wo ein hochoffizielles Ereignis durch eine einzige klare Stimme so entzückend gestört werden kann, bin ich im sexten Himmel.

So hatte ich zum Beispiel nicht vorgehabt, im „War-Memorial"-Opernhaus aufzustehen und Susan Sontag nach ihrer Meinung zu von Lesben gedrehten Pornos zu fragen, aber ich bin froh, es getan zu haben. Der ungläubige Gesichtsausdruck war mehr wert als ihre tausend unausgesprochenen Worte.

Folglich zögerte ich auch nicht, jedenfalls anfangs nicht, als mich die AIDS-Stiftung in San Francisco bat, auf einem Podium zum Thema Frauen und AIDS zu sprechen.

Als Marsha, die Koordinatorin, mir erklärte, daß das Podium aus feministischen Expertinnen für medizinische, juristische und familienpolitische Themen bestünde, fiel ich ihr erschrocken ins Wort:

„Heißt das, das Publikum, zu dem ich sprechen werde, besteht aus Frauen, die AIDS haben?"

„Nun, entweder sie selbst oder ihre Partnerinnen und Partner, oder es sind HIV-positive Frauen, die entweder Symptome zeigen oder auch nicht", erklärte sie.

Mir schwirrte der Kopf. Mein Mund murmelte automatisch, um Datum und Zeit mit ihr abzusprechen. Ich nehme an, ich klang überzeugend, als ich ihr erzählte, das wäre genau die Art von Sexaufklärung, die ich schon immer hätte machen wollen. Ich gestand ihr, daß ich nicht mehr Ms Kondom spielen wolle und bereit sei, der Realität ins Auge zu sehen.

Aber in Wahrheit hatte ich angesichts der Realität vor Angst die Hosen voll. Seit Jahren rede ich mir den Mund fusselig, daß Frauen, und insbesondere Lesben, die Auswirkungen von AIDS auf unser Leben begreifen müssen. Doch jetzt sollte ich vor einem ganzen Saal von Frauen sprechen, die mit AIDS lebten, und ich fühlte mich, als ob ich eine Verabredung mit dem Teufel und seiner Großmutter hätte.

Frauen mit AIDS sehen sich mit Isolation, Unsichtbarkeit und unverhohlener Ausgrenzung konfrontiert; sie sind ungeheuer leicht zu verletzen. Diese Frauen so geballt zu treffen, bedeutete für mich, in die Höhle der Löwin zu gehen. Da hatte ich geglaubt, ich hätte meine AIDS-Phobie ausgemistet, und schon packte sie mich am Schlawittchen. Ich wußte, diese Veranstaltung würde mich, über den Umgang mit meiner eigenen Angst hinaus, aufrütteln. Es gibt praktisch kaum Informationen oder Hilfsangebote für Frauen mit AIDS, und das macht krank und ist beängstigend.

Ungefähr einhundert Menschen hatten sich im Hörsaal eingefunden. Im Laufe der Diskussion fand ich heraus, daß etwa die Hälfte davon in der AIDS-Pflege tätig war und die andere Hälfte aus HIV-positiven Frauen und ihren Geliebten bestand. Eine beträchtliche Anzahl war lesbisch. Was mich besonders schockierte, obwohl ich doch damit hätte rechnen müssen, war, daß die meisten betroffenen Frauen so jung waren. Ich lernte einige positive Frauen mittleren Alters kennen, aber die meisten waren zwischen zwanzig und dreißig. Die in der AIDS-Arbeit Tätigen im Publikum sahen aus, als ob sie diejenigen seien, die gute Ernährung und sportliche Betätigung nötig hätten. Die HIV-positiven Frauen dagegen hatten eine faszinierende Ausstrahlung – sie waren die Art von Frauen, die dir auf der Straße auffallen.

Natürlich war dies eine ungewöhnliche Gruppe; diese Frauen hatten eine besonders aktive Rolle in bezug auf ihre Diagnose und Behandlung übernommen. Ich hatte es also mit Frauen zu tun, die wußten, daß es Informationsveranstaltungen wie diese Podiumsdiskussion gab, und das ist sicherlich die Minderheit.

Ich begann meinen Vortrag, indem ich erklärte, daß ich von ihnen sehr viel mehr lernen könnte als sie von mir. Da die Massenmedien nicht über die Sexualität HIV-positiver Frauen informierten, sollten wir bei Null anfangen und unsere Erfahrungen austauschen. Ich hatte nicht die Absicht, einen „Kondom-über-Banane"-Vortrag vor Menschen zu halten, die mit dem Gedanken klarkommen mußten, daß ihr eigener Körper ansteckend sein könnte. Der springende Punkt für Frauen mit und ohne AIDS ist, daß wir dazu erzogen wurden, ängstlich und unwissend in bezug auf unser sexuelles Verlangen zu sein. Wir wurden unserem eigenen Körper entfremdet. Zusätzlich mit dem Stigma AIDS infiziert zu sein ist vermutlich, als ob jeglicher positive, bereichernde und weibliche Aspekt ihrer sexuellen Erfahrung verneint würde.

Eine Frau, die mit der herrschenden AIDS-Phobie und ihrem eigenen positiven Befund zu kämpfen hat, befindet sich in dem Dilemma, daß sie ihre Sexualität auf eine Weise lieben und heilen muß, auf die sie wahrscheinlich nie vorbereitet wurde. Viele Frauen befassen sich nie damit. Sie werden enthaltsam, asexuell, antierotisch.

Ich bat das Publikum, ihre spontanen Antworten zu ein paar Fragen auf Zetteln festzuhalten. Die HIV-positiven und AIDS-kranken Frauen wurden gebeten, ihre Erfahrungen aufzuschreiben. Die Partnerinnen der infizierten Frauen sollten die Fragen ihrer Situation entsprechend beantworten, und die verbleibenden nicht-infizierten Frauen sollten sich vorstellen, sie wären selbst positiv und müßten diese Entscheidungen treffen.

Hast du nach deiner HIV-Diagnose (oder der deiner Partnerin/ deines Partners)

1. mehr oder weniger Sex mit Partnerinnen bzw. Partnern?
2. dich öfter oder seltener selbst befriedigt?
3. eine Sexpraktik aufgegeben, die du wirklich toll fandest? Wenn ja, welche?
4. eine neue Sexpraktik entdeckt? Wenn ja, welche?

Während der restlichen Podiumsdiskussion zählte ich in Windeseile die Antworten aus. Am überraschendsten waren die Unterschiede zwischen denjenigen, die „es hatten", und denen, die „es nicht hatten".

Die Antworten der nicht-infizierten Befragten waren insgesamt viel pessimistischer – sie schienen zu glauben, daß sie, wenn sie morgen für HIV-positiv befunden würden, gleich in den Sarg kriechen und darauf warten würden, weggekarrt zu werden.

Die Mehrheit der HIV-positiven Frauen gab an, sie hätten seit ihrer Diagnose weniger Sex mit Partnerin oder Partner. 32 Prozent der HIV-positiven Frauen aber sagten, an der Häufigkeit ihrer sexuellen Kontakte mit ihren PartnerInnen habe sich nichts geändert, was ich für eine beachtliche Minderheit halte. Diese Frauen bewahren sich ein gutes Verhältnis zu ihrem Sexleben.

57 Prozent gaben an, daß sie gleich viel oder mehr masturbierten. In diesem Fall machte mich allerdings die große Minderheit von 43 Prozent traurig, die berichtete, es jetzt weniger zu tun. Sich selbst zu lieben birgt null Risiko, doch sobald das sexuelle Selbstwertgefühl den Bach hinuntergeht, scheint gerade diese bestärkende Erfahrung beschnitten zu werden.

79 Prozent der HIV-positiven Frauen und 90 Prozent ihrer PartnerInnen sagten, sie hätten etwas ihnen sehr Wichtiges auf-

gegeben: ungeschützten Oralsex. Ich habe nie eine Gruppe erlebt, die sich in bezug auf Cunnilingus so ereiferte.

Nach all diesen Jahren des Dildokrieges, in denen sich Lesben anfeindeten, weil die eine es mochte, gefickt zu werden, und die andere nicht, war es sehr erfrischend, Frauen nach oralem Sex verlangen zu hören, einzig weil er ihnen Vergnügen macht, nicht weil er „gleichberechtigt" oder politisch korrekt ist. Mösenlecken wird für mich nie wieder dasselbe sein!

Doch es kommt noch besser: 50 Prozent des Publikums gaben an, sie hätten neue sexuelle Verhaltensweisen ausprobiert, die sie niemals wieder aufgeben wollten. Am häufigsten wurden Vibrator-Spiele und Phantasie-Inszenierungen genannt.

Der große Unterschied zwischen den Angaben der infizierten Frauen und der nicht-infizierten Frauen bestand darin, daß letztere sich vorstellten, sie würden sich zärtlicheren, sinnlicheren Vorspielereien zuwenden, wenn sie ausschließlich Safer Sex praktizierten. Die Gruppe der Positiven jedoch verstand sofort die orgasmische Intention meiner Frage und ließ mich wissen, was sie brauchte und wollte, um abzugehen.

Zwei HIV-positive Frauen sagten, sie genössen inzwischen „Zärtlichkeit" und „einfühlsamere Kommunikation", aber aufgrund ihrer übrigen Angaben konnte ich schließen, daß ihre Geliebten Männer waren. Eine Hetera schrieb, wie sehr sie es jetzt liebte, fingergefickt zu werden, und ich konnte nur denken: „Und darauf mußtest du bis jetzt warten?"

Doch eines verwirrte mich bei all der Aufregung um oralen Sex. Die Frauen, die darüber sprachen, waren überzeugt, daß Mund-Möse-Kontakt kein Risiko darstellte, solange die Frau nicht blutet oder Schnitte, Entzündungen oder Ausschlag hat. Offensichtlich scheint die Abwesenheit von Blut und Sperma stark für latexloses Lecken zu sprechen.

Ich fragte sie: „Wenn euch Oralsex nicht beunruhigt, warum haben ihn dann so viele von euch aufgegeben?"

Eine Frau platzte heraus: „Weil, sobald du einer erzählst, daß du HIV-positiv bist, sie deine Möse nicht mehr anfaßt, von Lecken ganz zu schweigen!"

Das bringt es in etwa auf den Punkt. Wir können von Sonnenaufgang bis Sonnenuntergang über Safer Sex-Techniken sprechen und eine Menge präziser Details über Plastik und Positionen zu Tage fördern. Doch das wirkliche Dilemma in bezug auf weibliche Sexualität und AIDS besteht in Angst, Stigmatisierung, Demütigung und Entfremdung. Wir wollen uns aber vertraut, sexy und leidenschaftlich fühlen – uns anturnen und selbst entdecken.

Safer Sex-Techniken können uns von den nackten Tatsachen ablenken. So fragte mich zum Beispiel eine Frau: „Ich war sechs Jahre mit einer Frau zusammen, die AIDS hatte. Seit einem Jahr bin ich nun allein. Jetzt bin ich wieder soweit, auszugehen und Frauen kennenzulernen, und ich möchte wissen, wie ich Latextücher benutze."

Auf diesen Moment hatte ich gewartet. Ich reichte ihr eine Handvoll Vierecke mit Minzgeschmack: „Ich kann dir in zwei Minuten erklären, wie du den Schutz benutzt, aber das scheint mir das kleinste deiner Probleme zu sein. Wie geht es dir damit, wieder Sex haben zu wollen? Hast du Phantasien übers Lecken? Sehnst du dich danach? Hast du Angst davor?" Diese Fragen könnten sich alle Frauen stellen. Bei diesem Treffen wurden die grundsätzlichen Sex-(Wahl)Möglichkeiten nur deshalb ins Licht gerückt, weil es dabei um Leben und Tod ging.

Eine anonyme Notiz wurde aufs Podium gereicht: „Was ist über Lesben und AIDS und lesbischen Safer Sex bekannt?"

Auf dem Podium saßen kompetente Menschen aus dem Gesundheitswesen, die diese Frage hätten beantworten können. Doch ich war nicht bereit, mir einmal mehr die „Nur die Fakten, bitte!"-Routine anzuhören.

„Die Geschichte mit Lesben und AIDS", sagte ich, „dreht sich nicht um die drei Ansteckungsfälle von Frau zu Frau, über die in medizinischen Zeitschriften berichtet wird. Die Geschichte sitzt hier in diesem Saal.

Wir alle wissen, daß das medizinische Establishment lesbischen Sex in bezug auf AIDS ignoriert. Doch die einzige Gruppe, von der du denken würdest, daß ihr das nicht scheißegal ist – Lesben nämlich –, macht sich genauso des Leugnens schuldig wie jede staatliche Gesundheitseinrichtung.

Die Hauptinfektionswege für Lesben sind ungeschützter Sex mit Männern und intravenöser Drogengebrauch mit nicht-sterilen Spritzen. Weil die meisten Menschen, und das schließt Lesben ein, weder ausschließlich homo noch hetero leben, überrascht es nicht, daß viele Lesben, die sich niemals selbst als bisexuell bezeichnen würden, mit der Epidemie in Berührung kommen. Doch die lesbische Öffentlichkeit produziert vorrangig diesen „rein wie frischgefallener Schnee"-Mist, der Frauen davon abhält, angstfrei und ehrlich miteinander umzugehen. Durch AIDS haben wir nun einen Punkt erreicht, an dem wir uns entweder mit unseren Tabus konfrontieren und realitätsbezogen handeln oder aber zusehen werden, wie uns unser eigenes Schweigen und unsere eigene Geheimniskrämerei umbringt.

Ich fürchte mich nicht vor männlicher Verseuchung, also davor, daß uns der Kern des Lesbischseins verlorengeht. Ich habe Angst davor, daß wir Lesben das Einfühlungsvermögen, mit dem wir einander begegnen, verlieren, weil wir unseren Ängsten und Verboten bezüglich Sex gestatten, uns auseinanderzubringen."

Eine der Lesben kam hinterher zu mir und sagte: „Ich nehme an Entziehungsprogrammen teil, und wenn ich sage, daß ich HIV-positiv bin, können mir die Lesben nicht mehr in die Augen sehen. Ich bin butch (das hätte sie mir nicht sagen müssen), was die anderen nur noch mehr verwirrt ... Natürlich habe ich mit Männern gefickt: für Drogen, für Geld, einfach so – was weiß ich. Aber ich weiß, wer ich bin."

„Wie gehst du denn mit diesen Lesben um?"

„Gar nicht. Wenn sie mit mir nicht umgehen können – ich brauche ihren Scheiß nicht. Es ist trotzdem eine Schande."

Ich konnte es ihr nicht verübeln, daß sie nicht sofort versuchte, am Bewußtsein ihrer Genossinnen zu arbeiten. Das ist genau das, was ich mit Isolation meine. Im Vergleich dazu schienen die anderen HIV-positiven Lesben, die nach der Podiumsdiskussion noch herumstanden, sehr vertraut miteinander umzugehen: Sie genossen eine Art von Nähe, die ich aus Homobars in abgelegenen Orten kenne.

Am Ende meines Auftritts dankten mir einige Frauen dafür, daß ich meine Sexspielzeuge vorgeführt hatte. Eine von ihnen sagte: „Ich fand es toll, daß du erzählt hast, das sei dein Vibrator, statt zu sagen, ‚er hätte sich als sehr wirkungsvoll erwiesen ...'"

„Nun ja, all diese Spielzeuge und Bücher gehören mir persönlich. Ich habe sie nicht mitgebracht, weil ich dachte, sie seien nette Neuigkeiten, sondern um zu zeigen, daß der erste Schritt auf dem Weg, sexuelle Verhaltensmuster zu ändern, der schwerste ist. Die folgenden sind viel süßer. Ich fing mit einem Vibrator an, doch darum allein geht es nicht. Dieser erste Schritt bewirkte insgesamt eine viel offenere Haltung – ich fing nicht nur an, Spielzeuge zu kaufen und auszuprobieren, sondern ich begann, mein sexuelles Potential zu verstehen. Er war wie ein Auslöser für meine Vorstellungskraft. Mein Sexleben hat sich in den letzten sieben Jahren mehr entwickelt als in den dreiundzwanzig davor."

Es blieb noch so viel zu sagen. Wir hatten je fünfzehn Minuten auf dem Podium zur Verfügung gehabt und hätten eigentlich fünfzehn Stunden gebraucht. Dennoch war es die intensivste viertelstündige Sexdiskussion, an der ich je teilgenommen habe. Ich bin jetzt bereit für die Realität. Ich fasse mich nicht mehr mit Samthandschuhen an.

(Keine Sorge, ich habe noch Unmengen von Gummihandschuhen unter dem Bett.)

in & out

Seid ihr bereit für die schwullesbischen Neunziger – oder müßte es die post-schwullesbischen Neunziger heißen? Die sexuelle Befreiung wird im nächsten Jahrzehnt unter einem neuen Thema stehen, und das Motto heißt: „Überwinde dich selbst!"

Vor fünf Jahren flehte ich die Leserinnen der ersten Ausgabe von *On Our Backs* an zu erkennen, daß „Penetration nicht heterosexueller als Küssen ist". Inzwischen ist der Dildokrieg vorbei, und ratet mal, wer gewonnen hat? Wir! Also schiebt ihn hinein und genießt es.

Lesbischer Sex erzeugt in vielen Teilen des verklemmten Amerika noch einen verständnislosen Blick. Aber der Trend – die Mode, wenn ihr wollt – geht zu Lesben als Vorbildern. Sogar Hetero-Paare kaufen inzwischen Dildos, und nur ihr Gleitmittel weiß, wer hier Mädchen und wer Junge spielt.

Als ich dank der Frauenbewegung in den siebziger Jahren mein Coming-out hatte, wußte ich, daß ich Teil einer beispiellosen Generation lesbischer Novizinnen war. Aber was heute unter jungen Frauen vor sich geht, läßt mich und meine Freundinnen von damals geradezu kümmerlich aussehen. Ich weiß nicht genau, wie sie das alles ohne die Unterstützung von Kräutertees und Selbsterfahrungsgruppen herausfinden, aber ich sehe heute mehr lesbische junge Dinger herumhüpfen als vor zehn Jahren.

Sie tragen Bürstenschnitte zusammen mit Glitzerlippenstift, Hosenträger mit hochhackigen Pumps – die lesbische Version der Popkultur. Und dieser Tage wird das Homo-Flair nicht ausschließlich von den Boys entwickelt. Jetzt zeigen die Frauen die schönsten Federn.

Erzählt mir nicht, das heiße Androgynität – ich besitze ein Flanellhemd, das mich daran erinnert, was schönfärberisch „androgyn" genannt wurde. Es handelte sich keinesfalls um die besten Anteile aus Weiblichkeit und Männlichkeit in schamloser Vereinigung – es war null Weiblichkeit und Buttertoast-Butch.

Wenn wir heute einer Lesbe ein Kompliment für ihre visuelle Ausdrucksfähigkeit machen wollen, benutzen wir deshalb statt „androgyn" das Wort „genderfuck" und meinen damit ihren gelungenen spielerischen Umgang mit Geschlechterrollen.

Überhaupt haben sich viele Worte geändert. In den Sechzigern sprachen wir beispielsweise von Orgien, in den Siebzigern von Gruppensex, und heute knüpfen wir an die Zeit unserer Kindergeburtstage an und besuchen eine „Spielparty". „Spielparty" weist auf ein gesellschaftliches Ereignis hin, nicht auf ein trunkenes Gelage, und betont eher die spielerische Komponente als die psychoanalytische.

Spielparties dienen jedoch nur dem Vergnügen und dem Ruhm einiger weniger. Die mit Abstand beliebtesten Trends sind ausgefallene Spielarten der Monogamie und Sexspielzeug-Händeleien. Die einzige Frage, die mich beschäftigte, als ich meine erste Jill-Off-Party, das heißt, meine erste Masturbationsparty, besuchte, war: „Wo sind die Steckdosen?"

Ich sehe Steckdosen in deiner Zukunft, Freundin. Ich sehe zweihundertdreißig Volt durch deine geschwollenen Mösenlippen strömen, während sich weiter vorn ein Dildo zum Anschnallen abzeichnet.

Handbediente Dildos sind out, anschnallen ist in. Deine Hände brauchst du für andere Dinge, zum Beispiel, um ihre Arme über ihrem Kopf festzuhalten, damit du ihr dein schmutzigstes Telefonsex-Skript ins Ohr flüstern kannst.

Wenn dein fliederfarbener lebensechter Dildo herausrutscht, tu mir um Himmels Willen den Gefallen und schieb ihn wieder rein, ohne groß zu fackeln. Oder leg dich ruhig hin und laß sie's tun – sie braucht's wahrscheinlich schneller. Größer ist besser; ich prophezeihe das, ohne rot zu werden. Mit dem anschnallbaren Dildo brauchst du schon ein paar zusätzliche Zentimeter, um spielend in Verbindung zu bleiben. Wenn du zu den Süßen gehörst, die immer noch schreien: „Nein, nein, nein, er ist zu groß!", willst du mich entweder anmachen oder du bist tatsächlich die letzte Person in Hintertupfingen, die kein gutes Gleitmittel benutzt. Glitschig kommt besser.

Obszöne Reden habe ich schon an anderer Stelle erwähnt. Das ist definitiv in – wir werden im Bett mehr reden und mehr tragen. Alle, die immer noch splitternackt zwischen die Laken schlüpfen, sind langweilig. Wir haben die Landidylle hinter uns gelassen, es führt kein Weg dorthin zurück.

Susie Sexpert prophezeit euch, daß S/M weiterhin angesagt sein wird, was die neuesten Trends beim guten alten leidenschaftlichen Liebesspiel angeht. Durchstochene Mösenlippen, unkomplizierte Fesselungen, Klapse, Zehenlutschen, Vibratorenfolter und inständiges Betteln gehören zum Standardrepertoire. Betrachte dich bloß nicht als S/M-Lesbe, wenn du nicht mindestens vier Peitschen und ein Paar Alligator-Brustklemmen mit deinem Monogramm besitzt.

Wir werden anfangen darüber zu reden, was wir treiben, statt darüber, wer wir angeblich sind. Sag nicht: „Ich bin eine S/M-Lesbe", wenn du auch sagen könntest: „Ich stelle mir vor, wie ich meine Maniküre auf dem Badezimmerfußboden lecke, während ihr der Mund mit einem Gummiball gestopft ist." Oder: „Ich kneife meine Nipples, wenn ich's mir selbst mache, bis sie hart wie Nieten sind." Oder: „Fiste mich, bis mir der Schweiß von den Lippen rinnt." Klingt das nicht viel aufschlußreicher?

Sämtliche Lesbenvideos und sämtliche Bestseller, die du in der nahen Zukunft in die Finger kriegst, werden sich um Lesbensex drehen. Die gesamte Amazonen-Nation wird ihren Teil abkriegen. Schlichtes Meckern ist nicht mehr angesagt – im lesbischen Medienzirkus heißt es entweder „Tu was!" oder „Halt den Mund!". Wir wollen nichts mehr über Ängste und Unsicherheiten hören, gegen die ihr nichts unternehmen wollt. Sextheorie ist herzlich willkommen, als Analyse verkleidete Neurosen hingegen sind es nicht.

Lesben werden die Avantgarde einer pornoübergreifenden Kreativität bilden. Wir sind schließlich als erste damit an die Öffentlichkeit gegangen, wieviel Spaß es macht, herauszufinden, wozu die andere Hälfte, das andere Drittel oder Viertel neigt. Wir haben genausoviel über Porno nachgedacht, wie wir uns von ihr anmachen ließen, und jetzt kommt uns unsere Analyse zupaß. Lesben werden dem Porno zu einem guten Ruf verhelfen. Da bin ich mir sicher.

Das Beste an der Anti-Porno-Kampagne unter Lesben ist, daß wir zumindest eine Chance bekamen, das Thema intellektuell anzugehen, im Gegensatz zu den konservativen Miesmachern, die auf die Bibel pochen.

Wenn du dich in diesem Sinne dazu aufraffen kannst, darüber nachzudenken, wie und warum dich sexuelle Darstellungen so stark berühren, bist du auf dem besten Weg, in die „Gesellschaft für Erotische Künste" einzutreten. Im nächsten Jahrzehnt wird Sex die Domäne der Künstlerin sein. Wir werden es die ganze Nacht treiben und es den ganzen Tag schreiben, malen oder filmen.

Okay, AIDS. Ich hoffe, in diesem Punkt erfüllen sich meine Prognosen. AIDS ist einer der makabersten Auslöser für die sexuelle Vielfalt der Neunziger. Es wird ein dauerhaftes Bewußtsein und vorbeugendes Verhalten bezüglich aller sexuell übertragbaren Krankheiten hinterlassen.

Wir werden auf einer kultivierten und sehr persönlichen Ebene über Safer Sex-Techniken nachdenken. Handschuhe, Kondome und Latextücher werden zu unserem Alltag gehören. Zahnfleischbluten ist wahrscheinlich die größte Gefahr beim Lecken, nicht der Mösensaft an sich. Ich prophezeie mehr Zähneputzen und den zunehmenden Gebrauch von Zahnseide.

Sexkontaktanzeigen sind in. Fisten bei der ersten Verabredung ist in. Rollenwechsel ist in. Gel ist mega in (nicht für die Haare, für die Möse). Außerdem ist es in, ihr genau das zu geben, was sie verlangt. Dich selbst zu vergnügen wird dir ein noch größeres Vergnügen sein.

Ich kann die Neunziger kaum erwarten. *Do The Right Thing.*

Absolut bestechend

„Warum hast du das getan?" Manche Leute kriegen diese Frage ihr Leben lang gestellt. Mir kommt sie erst unter, seit ich meine Mösenlippen durchstechen ließ.

Egal, welchen Eindruck ihr durch meine Artikel von mir gewonnen habt, ich gehöre schon immer zu der Sorte von braven Mädchen, die es allen recht machen wollen. Ich habe nie davon geträumt, zum Zirkus wegzulaufen; es würde mir nie in den Sinn kommen, mir einen Irokesen-Schnitt zuzulegen oder mir ein Punk-Symbol tätowieren zu lassen. Ich habe tatsächlich eine ausgeblichene Tätowierung, aber es ist kaum mehr als ein kleiner Fleck auf meinem Schulterblatt – ein Füller mit Rosen, der ein Schwert kreuzt.

Wieso sollte ein Ring durch deine unteren Lippen also ein Problem sein? Ich kam vor vier Jahren auf die Idee, als meine Freundin Fanny sich entschied, ihre Lippen piercen zu lassen, und wir beschlossen, das Ereignis für *On Our Backs* zu fotografieren. Von diesem Nachmittag sind mir zwei Dinge im Gedächtnis geblieben: Fanny blieb die ganze Zeit über völlig cool und gelassen, und sie trug am Ende einen wundervollen Goldring, der durch ihren blonden Mösenschopf blitzte.

Ihre Piercerin, Raelyn Galinna, huldigt dem Körper wie kaum eine andere Frau, die ich kenne. Es ist mir ein Rätsel, warum sich vor ihrem Haus keine Schlange von Bittstellerinnen windet, die um eine Berührung durch ihre heilenden Hände flehen.

Seit 1985 habe ich diesen Nachmittag tausendmal durchgespielt. Ich habe Fanny bei ihren Auftritten in der Stripshow zugesehen, wo sie geschmacklosen Tand von ihren Ohrläppchen zog und wie exotische Anhänger von ihrer Möse baumeln ließ. Ich werde nie vergessen, wie dieser Mann im Publikum buchstäblich in seinem Plüschsitz zusammensackte und nach Luft schnappend „Ich sterbe!" keuchte, als sie sich knapp vor seinen schreckerfüllten Augen wiegte. Das war ziemlich aufregend.

Ich habe andere Männer und Frauen getroffen, die sich ihre Genitalien haben piercen lassen, und egal, was ich von ihren Körperteilen hielt, der Schmuck unterstrich meiner Meinung nach ihre Schönheit. Ich fand es außerdem – du kannst jetzt das Licht herunterdrehen – unwiderstehlich romantisch. Ich brauche keinen Feuerschein und kein weißes Spitzentaschentuch – nur einen Mösenring, und du bist mein. Es ist so viel ernstzunehmender als ein Goldkettchen und tausendmal erotischer als ein Ehering. Dieser winzige Ring aus rostfreiem Stahl ist ein Ausdruck von Stärke und sexuellem Besitztum.

Oder schlicht und einfach, wie sich meine Freundin Dominga ausdrückte, als ich in einer Stunde der Wahrheit die Hosen herunterließ: „Wunderbar – etwas so Schönes am edelsten Teil deines Körpers anzubringen." Exactemente.

Wenn du den meisten meiner Freundinnen nur im geringsten ähnelst, hast du meine zärtlichen Beschreibungen rasch überflogen, um endlich zu erfahren, was alle Outsider für den Kern der Sache halten: „Tut das nicht weh?"

Nun, wir haben es fotografiert. Da kannst du meine ehrliche Reaktion auf die Nadelspitze sehen, und es dauerte nur zwei Sekunden, höchstens. Es gab ein winziges Tröpfchen Blut, und ich habe das befleckte Taschentuch für die Nachwelt aufgehoben.

Vor dem Schmerz hatte ich all die Jahre, in denen ich mir ausmalte, es zu tun, Angst. Ich fand endlich die Courage, als ich feststellte, daß ich zwar eine ausgewachsene Mimose bin, was meinen Körper angeht, aber Nerven wie Drahtseile zeige, wenn es darum geht, meine Freundinnen und die „Familie" zu beschützen. Als meine Schwester im Sexbusiness, Lisa LaBia, aus Minneapolis kam, beschlossen wir, daß zusammenbleibt, was zusammen pierced.

Ich war so damit beschäftigt, für sie tapfer zu sein – ich drückte ihre Hand zur Beruhigung –, daß du mich hättest umpusten können, als sie sich von mir freimachte und sagte: „Ich will zuerst!" Ich sah zu, wie ihre leuchtenden blauen Augen groß wie Untertassen wurden, als Raelyn die Nadel durchstach, und wie sie mit dem süßesten kleinen Schmerzensschrei, den ich je vernommen habe, den Kopf zurückwarf.

Ich fürchte, ich wirkte im entscheidenden Moment bei weitem nicht so sexy. Meine Reaktion, die den Bruchteil einer Sekunde dauerte, entsprach eher der reinsten Wut. Der Gedanke, der mir durch den Kopf schoß, lautete: „Wer zum Teufel hat dich da rangelassen?"

Danach aber konnte ich mich vom Spiegel nicht mehr losreißen. Ich liebe die Amethyst-Perle, die so zufrieden auf meiner rechten Lippe liegt. Der Stich verheilte innerhalb von drei Tagen mit Hilfe von ein bißchen antibiotischer Salbe, um die anfängliche Empfindlichkeit zu lindern.

Nein, die Perle gerät beim Ficken nicht in den Weg. Sie sitzt genau in der Mitte meiner Lippe und berührt weder die Klit noch die Harnöffnung. Ich spüre sie nicht, außer wenn sie berührt wird. Ich entdeckte allerdings einen überraschenden Sound-Effekt, als ich danach zum ersten Mal meinen Vibrator benutzte. Nicht ganz so rein wie der Ton einer Stimmgabel, aber ich nehme es mit dem Klang nicht so genau und genieße statt dessen die köstlichen Empfindungen.

Ich gehöre nicht zu denen, die alltäglichen Ereignissen unerklärliche, spirituelle Mächte zuordnen. Aber mein Piercing hat mit Sicherheit Wellen irrationaler Gefühle hervorgerufen, die ich nicht hätte vorhersagen können. Im Vergleich zu damals, als ich mit vierzehn zum ersten Mal meine Tage hatte und von dem großen Ereignis einfach nur angeödet war, rief mein Piercing ein ekstatisches weibliches Fieber hervor. Ich mußte mich zusammenreißen, um nicht herauszuschreien: „Ich bin *Frau,* hört mein Brüllen!"

Ich verbringe einen Großteil meiner Zeit damit, Leuten zu erklären, daß der Schmerz beim Piercen im Vergleich zu einem Besuch bei der Zahnärztin oder zu einem dicken blauen Fleck verschwindend gering ist.

Doch weil du dir diesen besonderen Schmerz vorsätzlich und bewußt zufügen läßt, ruft er Stolz und ein süßes Gefühl hervor – und dies schätze ich als Erinnerung ebenso wie den Schmuck, der mich gegenwärtig ziert. Wenn Jane Fonda dir beim Muskeltraining rät, „das Brennen zu spüren", warum soll ich mich dann zurückhalten? Der Schmerz war sensationeller Höhepunkt eines Rituals, dessen Spuren ich fühle, wenn ich eine Geliebte bis zum totalen Wahnsinn errege oder wenn mein eigener Orgasmus mir bis in die Fingerspitzen geht.

Pussy-Power: Die Klit, die auf dem Piercing reitet, regiert die Welt.

Berühmte lesbische Dilemmas

Nenne eine lesbische Berühmtheit! Und noch eine lesbische Berühmtheit! Du zögerst? Bleibt dir die stolze Verkündung im Halse stecken? Was berühmte Lesben angeht, gibt es wahrscheinlich mehr Ausnahmen, mildernde Umstände und nebulöse Bekenntnisse als in die vollständige Jahresausgabe des *National Enquirer* passen würden.

Das Problem besteht darin, daß Lesben – im Gegensatz zu den Schwulen in allen Bereichen der Wirtschaft und der Unterhaltungsindustrie – heute noch eine ebenso verborgene Existenz führen wie die Figuren in *The Grapevine,* dem lesbischen Enthüllungsroman der frühen sechziger Jahre. In einem meiner Lieblingskapitel heißt es: Einige der schönsten und verführerischsten Hollywood-Stars sind Lesben, aber die Öffentlichkeit wird es nie erfahren.

Ich habe immer geglaubt, daß lesbische und bisexuelle Stars befürchten, daß die heterosexuelle Öffentlichkeit ihre Karrieren ruinieren würde, wenn ihr Geheimnis ans Licht käme. Aus persönlicher Erfahrung frage ich mich jedoch inzwischen, ob solche Berühmtheiten nicht ein noch viel egoistischeres Motiv haben: daß nämlich andere Lesben ihr Privatleben ruinieren würden, wenn sie sich der Kritik der Lesbenszene aussetzten. Die lesbische Öffentlichkeit hofiert Stars, von denen gemunkelt wird, sie seien lesbisch, bedenkt aber ganz gewöhnliche offene Lesben häufig mit schärfster Kritik.

Ich habe meine Erfahrungen mit lesbischem Ruhm gemacht. Darling, es ist so einsam an der Spitze! Wenn ich auf der Bühne stehe oder Autogramme gebe, umschwirren mich die faszinierendsten Frauen, sie berühren mich am Arm, flüstern mir intime Geheimnisse ins Ohr und führen mir lobheischend ihre hausgemachten Dildos vor.

Aber wenn die Lichter ausgehen und die Stühle zusammengeklappt sind, sitzt mein einsames Ich im Saal und fragt sich, welche Vorwürfe am nächsten Tag in der schwullesbischen Presse erscheinen werden.

Manchmal bleibt eine beherzte Lesbe länger, um mir eine Kneipentour, einen Joint oder ein unveröffentlichtes Manuskript anzubieten. Sie ist schüchtern, aber hartnäckig. Sie entspricht nicht genau meinem Typ, aber ich sehne mich danach, umschmeichelt zu werden. Ich bin Susie Sexpert! Ich müßte eigentlich jede Nacht wahnsinnige, schweißtreibende erotische Abenteuer erleben. Worauf warte ich also?

Und da haben wir es: den schlimmsten Fall von Leistungsdruck, der jemals auf der nach oben offenen Richter-Skala gemessen wurde. Deswegen bekennen sich Berühmtheiten nicht zu ihrem Lesbischsein – Berühmtheit als Sex-Tod. Susie Sexpert mag die erregendste Liebhaberin der Welt und Jodie Foster die Antwort auf all deine romantischen Träume darstellen. Aber Susie Bright könnte sich ebenso als tödliche Langweilerin herausstellen und Jodie Wie-auch-immer-sie-wirklich-heißen-mag als unausstehliches kleines Ekel.

Tja, vielleicht auch nicht. Aber manchmal möchte ich die hohen lesbischen Erwartungen bewußt enttäuschen. Fisten? Nicht im Traum. Wie kannst du mich am nächsten Morgen respektieren, wenn bei unserer ersten Verabredung Silikon ins Spiel kam? Nein, du darfst meine Sammlung gefesselter Barbie-Puppen nicht anfassen! Ob Martina ähnliches durchmacht?

Mein subkulturelles Star-Ego ist allerdings in die Schranken gewiesen worden. Mir wurde eine sehr wichtige Lektion erteilt. Das größte lesbische Herzklopfen seit Marlene Dietrich hat mich auf meinen Platz verwiesen: Es gilt k.d. lang.

Ich besitze keine Platte von k.d. lang. Meine Friseuse, Miss Rupa, machte mich mit ihr bekannt. Sie schnitt mir gerade Ponyfransen, als ich sie unterbrach: „Wen hören wir denn da?" Es klang, als ob Patsy Cline und Elvis zu einer butterweichen Stimme verschmolzen wären.

Rupa starrte mich an, als wäre ich von einem anderen Stern. „k.d. lang tritt dieses Wochenende im *Caesar* in Tahoe auf, und du hörst sie dir lieber an, wenn du wissen willst, was Leben heißt."

Warum nicht? Rupa organisierte, daß eine Gruppe von uns in einem Casino-Bus von San Francisco nach Tahoe mitfahren konnte, so daß wir auf der Hinfahrt stilvoll Wodka-Orange trinken und auf der Rückfahrt schlafen konnten – ein zwölfstündiger Vergnügungstrip.

Die wichtigste Frage lautete: Was ziehen wir an? Rupa ist modisch immer auf dem laufenden, und ich wollte mir Peinlichkeiten ersparen. Ich schlug vor, mein rotes Trägerloses aus Latex zu tragen, aber Rupa riet mir ab.

„Schau, wir sitzen fünf Stunden im Bus. Da brauchst du was Bequemes. Ich gehe ganz leger." Recht hatte sie.

Freitag mittag, ein Uhr, am Busbahnhof. Herein spaziert Rupa mit einer dreißig Zentimeter hohen zuckerwatterosafarbenen Turmfrisur, schwarzer Korsage, schwarzem Rüschenrock, limonengrüner Stretchhose, Kniestrümpfen im Leoparden-Look, karierten thailändischen Seidenpumps und einer weißen Motorradlederjacke.

Legeres Miststück! Ich hätte sie ohrfeigen können, aber sie sah einfach vollkommen aus. „Mach dir keine Sorgen", entschuldigte sie sich, „ich werde dich im Bus zurechtmachen."

Womit? Wie wollte sie mich im Bus zurechtmachen? Indem sie mir einen Sitzbezug umschnallte? Doch ich muß gestehen, daß es ihr gelang, mich und sämtliche Spielsüchtigen im Bus in ungläubiges Staunen zu versetzen. Mit Hilfe einer Dose Haarspray und einer winzigen Bürste in Reiseformat toupierte sie mein Haar zu einer meterhohen Burg. Mein Make-up sah nach Nina Hagen aus. Ein schwarzer BH, den Miss Rupa aus ihrem Schminktäschchen zerrte, ersetzte mein T-Shirt, und das Bild war perfekt. Dressed to kill.

Der Bus hatte Verspätung. Das Konzert hatte bereits angefangen. Wir rannten hinein und drängelten uns mitten in k.d.s „Crying" auf unsere Plätze. Dieser Singvogel verursachte mir tatsächlich eine Gänsehaut. Irgendein Hetero-Pärchen neben mir stritt sich: „Sie ist nicht gerade sehr feminin ..." – „Aber an der Stimme gibt's nichts auszusetzen."

Nun, ich finde, sie *ist* feminin – eine lausbübische kleine Femme. Sie macht ihren Anbeterinnen zwar keine Eingeständnisse, bringt uns aber mit Sicherheit um den Verstand.

Während der Zugaben griff Rupa meinen Arm. „Wir müssen uns nach vorn drängeln, damit sie uns sieht!"

Ich zuckte zusammen, folgte ihr aber. Ich hatte eine dunkle Ahnung, daß irgendeiner der Wachgorillas des Casinos Hand an meine Frisur legen würde, aber Rupa dirigierte uns entschlossen zum Bühnenrand, als k.d. sich anschickte, zum letztenmal ihre Stimmbänder in Schwingungen zu versetzen.

Sie hielt inne. Sie starrte uns an. Sie deutete mit der Hand auf uns. „Schaut euch diese entzückend toupierten Frisuren an. Können wir einen Spot auf diese beiden Süßen kriegen?"

Rupa zögerte nicht. Sie ergriff k.d.s Hand, kletterte auf die Bühne und zog mich mit hoch. Das Scheinwerferlicht funkelte auf k.d.s blauem Glitzerjackett. Sie wandte sich dem Publikum zu und sagte: „Wißt ihr, was wir in Nashville sagen? Je höher das Haar, desto näher an Gott."

Ich sah k.d. in die Augen und wies mit dem Kopf auf Rupa. „Sie liebt dich so sehr." Ob diese Bemerkung über die Lautsprecher ging, weiß ich nicht. Ich nahm Rupas Hand und führte sie von der Bühne. Wir bekamen heftigen Applaus.

Wenige hohe Töne später war das Konzert zu Ende, und wir wurden von kreischenden k.d.-Fans umringt. Es nahm kein Ende. Erinnert ihr euch an das Beatles-Fieber? Genau so! Sie japsten nach Luft und quiekten und befingerten uns, weil wir SIE berührt hatten.

„Das ist der aufregendste Moment meines Lebens", sagte eine, die stellvertretend unseren Moment des Ruhms genoß wie eine Katze die Sahne. Als ich das hörte, fühlte ich mich eher wie eine Perücke als wie eine Frau. Warum hatte ich keine Ausgabe von *On Our Backs* mit, um sie auf der Bühne zu schwenken, als das Scheinwerferlicht auf mich gerichtet war? Ach, wäre ich doch nur eine dieser geheimnisvollen Berühmtheiten, die nie ein Wort über ihr Privatleben verlieren und trotzdem der Schwarm jeder feuchtäugigen Lesbe sind!

O k.d., ich wünschte, du würdest mir erzählen, welchen Preis du für deine Privatsphäre zahlst. Vielleicht könnte ich dir auch ein, zwei Dinge verraten. Vielleicht möchtest du auch nur wissen, wer uns die Haare gemacht hat. Ruf mich an.

Guter Hoffnung

Ich bin guter Hoffnung. Mein ureigenster Wonneproppen ist im Zwillingsglorienschein, am 12. Juni, fällig. Mein erstes Kind ist unterwegs.

Wenn ihr fürchtet, daß diese schräge Kolumne zu einem Forum für Kinderheilkunde verkommt, laßt mich euch versichern, daß eine meiner nächsten Taten als Susie Sexpert darin bestehen wird, die Geheimnisse um Sex in der Schwangerschaft zu enthüllen. Insbesondere um lesbischen Sex. Was ich da bisher mitgekriegt habe, ist ein Skandal.

Die Informationen, die eine schwangere Lesbe über ihre sexuellen Möglichkeiten bekommt, tendieren gegen null. Heutzutage wird kein einziges Babybuch mehr veröffentlicht, das nicht ein ausführliches Kapitel über Sex während und nach der Schwangerschaft enthält. Aber – und da wir das Jahr 1990 schreiben, ist dies ein ziemlich großes *Aber* – jedes dieser Kapitel widmet sich dem Liebesleben von Ehemann und Ehefrau und dreht sich in der Hauptsache um Penis-Vagina-Sex. Lesben? Könnt ihr vergessen – es gibt nicht einmal eine einzige Fußnote, die sich auf „alleinstehende" Frauen bezieht, auf Frauen, die mehr als einen Partner haben, oder auf Frauen, deren sexuelle Vorlieben sich irgendwo jenseits der Missionarsstellung abspielen.

Kommen wir zu der Frage, die allen auf der Seele brennt: Wie bist du schwanger geworden? Das ist nicht nur die Lieblingsfrage naseweiser spießbürgerlicher Heteros – nein, jede politisch bewußte Lesbe ergeht sich in Spekulationen darüber.

Wieder einmal stellen wir fest: Die politisch korrekte Gedankenpolizei hat eine Art Hackordnung für lesbische Wege der Empfängnis aufgestellt. Nichts ist dem ewigen Macho-Zweifel „Bin ich Manns genug?" ähnlicher als das sapphische Pendant: „Bin ich lesbisch genug?" Die Tatsache, daß Lesben immer wieder auf jede erdenkliche Weise – abgesehen von unberührter Empfängnis – schwanger werden, scheint an der Angst nichts geändert zu haben: „Bin ich auf die richtige Weise schwanger geworden?"

Die meisten Lesben mit Kindern, die ich kenne, betrachten die Umstände ihrer Empfängnis als ihre Privatsache, finden also, das geht dich einen Scheiß an. Manche sagen, daß das dem Schutz der Kinder diene, aber ich meine, es dient dem Schutz der Mutter vor rücksichtsloser Herumhackerei.

Keine von uns möchte aufgrund der Art ihrer Empfängnis ihr Lesbischsein in Zweifel ziehen lassen. Egal, ob du es mit einem Hetero, einem schwulen Mann, einem Fremden oder einem von ganzem Herzen Geliebten, einer Spritztülle oder einer Samenbank treibst, ob es geplant, ungeplant oder Resultat eines erhörten Gebetes war – die Befriedigung einer Frau, ein Baby gemacht zu haben, ist nichts, womit leichtfertig umgegangen werden sollte. Leg dich nicht mit ihr an.

Selbstverständlich haben Lesben schon vor der aktuellen Welle künstlicher Befruchtung Babys bekommen. Das Sperma in unsere eigenen Hände zu nehmen mag zum Symbol des lesbischen Babybooms geworden sein, aber ich glaube, der Boom selbst resultiert eher aus dem Feminismus und unserer wirtschaftlichen Unabhängigkeit. So viele Frauen bekommen Babys allein, gemeinsam mit ihrer Lebensgefährtin, mit männlichen Freunden oder jeglicher sonstigen Form von neumodischer familiärer Unterstützung. Es ist ein lohnenswertes Gesprächsthema, wenn du erst einmal mit deinen dummen Vorurteilen aufgeräumt hast.

Ich sage euch: ich werde das Eis brechen! Auf einer Weihnachtsparty quetschte mich meine Freundin Hashima aus: „Hast du künstlich befruchtet oder hast du's getan?"

Ich fing an zu lachen, und sie zwinkerte mir zu: „Du hast es also tatsächlich getan."

So ist es. Ich bin auf die altmodische Art schwanger geworden. Ich lag mit einem echten Mann im Wasserbett, mit jemandem, dessen Gene und väterliche Eigenschaften ich schon sehr lange bewundert hatte. Mach mir ein Kind der Liebe. Ich bin ziemlich sicher, daß der Fernseher lief. Zumindest hoffe ich es, denn alle umwälzenden Sexakte meines Lebens sind in Videogeflimmer gebadet. Es war der erste Tag meines Eisprungs, und ich erinnere mich, daß ich mir vorstellte, wie das Sperma in meinen Muttermund gesaugt wurde wie von einem Vakuum. Es war höchst aufregend. Biologie als Erotikon.

Der Moment der Empfängnis ist ein Abenteuer, egal, wie du es bewerkstelligst. Meine ersten naturwissenschaftlichen Gehversuche unternahm ich mit einer Spritztülle für Truthahnfüllungen. 1978 versuchten wir, eine Gruppe von fünf Lesben, unsere Freundin Beverly zu schwängern. Beverly lebte in einer lesbischen Wohngemeinschaft auf dem Lande. Sie war mit einem schwulen Spender befreundet, der in einer knapp zwanzig Kilometer entfernten Universitätsstadt wohnte. Wir riefen ihn eines Sonntagnachmittags an, um zu sehen, ob er in der Stimmung war, eine Probe abzugeben.

„Kommt in einer Viertelstunde vorbei", sagte er. Er entlud den Zaubersaft in einen kleinen Glasbecher, den ich während der Fahrt nach Hause in meine Daunenjacke bettete. Ich wußte, es mußte warmgehalten werden. Ich wußte auch, daß der Zeitfaktor eine Rolle spielte, also drückte ich das Gaspedal durch und versuchte, nicht die Sekunden zu zählen.

Dann kam der lustige Teil. Bev lag neben dem Holzofen auf einer Patchworkdecke mit Doppelaxt. Ich spülte und säuberte die Spritztülle tausendmal, weil ich befürchtete, daß die Reste irgendeiner vegetarischen Pampe unsere ganzen Bemühungen ruinieren könnten.

Wir waren schußbereit. Cheryl zog das Sperma auf und schob die harte Plastikspitze in Bevs Möse. „Tiefer rein!" riefen alle.

Natürlich wollte jede einmal drücken. Das war die Zeit, wo du wegen Besitz eines Dildos in den Knast gewandert wärst. Wir beschlossen, daß jede einmal drücken durfte. Eine Massenschwängerung! Wir versuchten, nicht allzu guter Hoffnung zu sein, denn wir wußten, daß Beverly gegen eine geheimnisvolle Unfruchtbarkeit kämpfte.

Nach einer Viertelstunde machten wir einen Abstrich von ihrem Muttermund, schmierten es auf eine kleine Glasplatte und betrachten das Ganze unter einem starken Vergrößerungsglas. Was ich an jenem Tag durch die Linse sah, stand mir in der Nacht, in der ich schwanger wurde, vor Augen.

„Da sind sie! Sie schwirren überall herum!" rief ich. Ich war mir sicher, daß im Biologielabor meiner High-School nie etwas so Cooles durchgeführt wurde.

Demnächst mehr über den Titten-Trip in Körbchen Größe 110D, „Wie ich mich durch die Wehen vibrierte" und die Frage: „Darf ich mich während des letzten Schwangerschaftdrittels fisten lassen?"

Wünscht mir Glück – und schickt mir eure erotischen Schwangerschaftsphantasien, eure wahren Erlebnisse und massenhaft naseweise Fragen!

Kreißende Lesben

Wäre ich Geburtshelferin, würde ich jeder Frau vier Kurse verordnen: Geburtsvorbereitung, Stillen für Anfängerinnen, Ernährung für Mutter und Kind und Lesbischer Sex. Ja, ich bin sogar der radikalen Meinung, daß jede Lesbe einen Kurs in Sachen Sex und Schwangerschaft belegen sollte, weil nicht nur Herr und Frau Hetero keinen blassen Schimmer haben, wie Sex und ein dicker Bauch zusammengehen.

Was Sex im letzten Drittel der Schwangerschaft betrifft, scheinen sogar die fortschrittlichsten Frauen jegliche Urteilsfähigkeit zu verlieren. Kürzlich berichtete mir eine meiner schwangeren Freundinnen, ihr Arzt habe ihr geraten, bis nach der Geburt auf Sex zu verzichten, weil ihr Baby ungünstig läge. Ihr blieben noch acht Wochen.

„Was heißt ‚Sex'?" fragte sie ihn. Zögernd gab er zu, daß er von Penetration gesprochen hatte. Penetration welcher Art? Dem Arzt fiel es schwer zu begreifen, wie viele verschiedene Arten von Penetration es gibt. Ich stellte mir meine Freundin vor, wie sie ihre Handtasche aufriß, ein halbes Dutzend Dildos verschiedener Größe hervorholte und fragte: „Wäre einer davon in Ordnung, Herr Doktor?"

Obschon es gewisse Bedingungen gibt, unter denen Penetration und sexuelle Stimulation vermieden werden sollten, verordnet die moderne Schulmedizin in ihrem Übereifer grundsätzlich Enthaltsamkeit während eines Großteils der Schwangerschaft, statt zu Maßnahmen zu raten, um sich den großartigen körperlichen Veränderungen anzupassen und sie zu ergründen. Informationen zu Sex und Schwangerschaft müßten das Bedürfnis der Frau nach Intimität und Zuwendung, ihre sich wandelnde Lust und orgasmische Reaktion ebenso berücksichtigen wie die Rolle, die sexuelle Stimulation bei Wehen und Geburt spielt. Während der Schwangerschaft sind die Genitalien stärker durchblutet; sie schwellen an und werden empfindlicher und zarter. Die Vagina ist oft feuchter, und das berühmte gigantische Brustwachstum-Syndrom sorgt für zarte, empfindliche Nipples. Klingt das etwa nicht, als ob eine solche Frau von morgens bis abends Sex haben müßte? Genau.

Aber diese Veränderungen können die schwangere Frau ängstigen, ihre Geliebte abturnen oder aus Unwissenheit, wie diesen neuen Empfindungen Genüge getan werden kann, Frust erzeugen. Genau wie bei allen anderen neuen sexuellen Erfahrungen, egal, ob es sich um Sex mit Vibrator oder Latexhandschuhen oder um Sex während des letzten Schwangerschaftsdrittels handelt, scheinen manche Leute entschlossen, nichts zu ändern und für ihr Vermeidungsverhalten Ausflüchte zu suchen. Doch Sex und Schwangerschaft zu trennen ist eine Tragödie, eine emotionale Trennung von unseren natürlichen Reaktionen. Und es bedeutet zu ignorieren, daß Sex ein Bestandteil der erfolgreichen Geburtsvorbereitung ist. Orgasmen und Liebesspiele während der Schwangerschaft sind die beste Übung und Geburtsvorbereitung, die du kriegen kannst, und stellen zugleich eine Erfahrung dar, die du noch lange nach dem neunmonatigen Abenteuer zu schätzen wissen wirst.

Ich will euch erzählen, wie die Schwangerschaft meine Libido beeinflußt hat. Meine Klit und meine Lippen wurden dicker und dicker, so daß ich sie spürte, ohne die Beine übereinanderzuschlagen. Ich konnte meine Klit nicht direkt berühren, das war schon zu viel. Ich hatte das Gefühl, ich könnte kommen, wenn jemand sachte mit einer Feder über mich strich, selbst wenn ich drei Paar Slips anhätte. Penetration bekam eine neue Bedeutung, weil die Öffnung meiner Möse viel empfindlicher war und die Wände sich saftiger anfühlten – geschwollen und elastisch zugleich. Meine Brüste waren während der ersten sechs Monate zu empfindlich, um sie zu drücken, aber ich genoß es wie nie zuvor, wenn an meinen Nipples gesaugt wurde. Sie schienen eine Direktleitung zu meiner Möse zu haben. Von der erregenden Vormilch, die vom achten Monat an aus meinen Nipples kam, ganz zu schweigen. Ich wollte sie probieren, wollte, daß alle anderen sie probierten! Ich hatte den Drang, das Fenster aufzureißen und hinauszuschreien: „Seht das Wunder des weiblichen Körpers!" Aber noch habe ich mich nicht in eine Gesundbeterin verwandelt.

Trotz dieser Potenz und Geilheit wurde es immer schwieriger und zeitaufwendiger zu kommen, denn durch diese neuen Empfindungen zu lavieren war ungewohnt. Es fühlte sich einfach so toll an, zärtlich berührt, gestreichelt, geleckt und gefickt zu werden, daß ich in einen genußvollen Trancezustand verfiel und vergaß, auf das große O hinzuarbeiten. Meine Hüften, mein Kreuz und die Innenseiten der Schenkel verspannten sich unter dem Gewicht des Babys dermaßen, daß jede Massage in diesen Bereichen, ob erotisch oder nicht, segensreiche Entspannung brachte.

Zu Anfang meines Geburtsvorbereitungskurses erhielt ich ein Informationsblatt zu einer entbindungsvorbereitenden Übung, die sich Damm-Massage nannte. Meine scherzhaft gemeinte Frage „Darf ich während der letzten Schwangerschaftsmonate gefistet werden?" war hiermit beantwortet. Von wegen Scherz – die Damm-Massage ist dafür gedacht, eine Schwangere mit der Entspannung und Dehnung ihrer „vaginalen Öffnung" vertraut zu machen. Jede Lesbe mit Dreifingertechnik kennt sich längst damit aus. Auf dem Blatt stand folgendes:

„Tauchen Sie Ihre Finger in das Öl und reiben Sie es in den Damm und die Vaginalöffnung ... Ihr Partner (sic!) kann seinen Zeigefinger benutzen. Schieben Sie Ihre Finger ganz tief in die Vagina, und drücken Sie nach hinten. Üben Sie nur so viel Druck

aus, daß die Spannung einen leicht stechenden Schmerz bewirkt. Sie werden diesen Schmerz später wiedererkennen, wenn der Kopf Ihres Babys herauskommt und der Damm sich dadurch dehnt."

Du kannst dieses leicht stechende Gefühl auch als die ekstatische Spannung wiedererkennen, wenn die breiteste Stelle der Hand deiner Partnerin in dich gleitet. Als ich dieses ernstgemeinte Blättchen über die Damm-Massage gelesen hatte, fiel mir auf, daß das Auftauchen des Kopfes eines Babys auch als umgekehrtes Fisten betrachtet werden kann. Zehn Zentimeter sind zehn Zentimeter, egal von wo nach wo. Natürlich sind bei der Geburt eines Kindes mehr Faktoren zu beachten als bei einer durchschnittlichen Sexsession, und ich will euch die Entbindung auch nicht als den ultimativen Sexakt verkaufen, aber in gewisser Hinsicht ist sie das schon. Eine Frau setzt all ihre genitale Entspannungsfähigkeit, ihre Muskeln und ihre sexuelle Energie ein, um ihr Baby herauszubringen. Wenn sie vorher mit Hilfe von Damm-Massagen „übt" und mit diesen sexuellen Empfindungen klarkommt, wird sie ganz genau wissen, was Sache ist, wenn die Ärztin oder die Hebamme „Pressen!" ruft.

Sexuelle Intimität und Entspannung bilden die Grundlage für eine unproblematische Schwangerschaft. Ich spreche nicht von den „drei unterschiedlichen Stellungen, in denen Sie bequem Geschlechtsverkehr haben können." Ich meine das Erforschen des erotischen Potentials, das dein Körper sich nie erträumt hätte. Dich hinzuhocken, dich auf alle viere zu begeben, zu schreien, wenn dir danach ist, und dich so offen wie nie zuvor zu fühlen – wenn das nicht Sex ist, was dann?

Die Geliebten von schwangeren Frauen können all dies miterleben und zugleich ihr Vermögen demonstrieren, einer Frau während einer der potentesten Phasen ihres Lebens das Gefühl zu vermitteln, sexy und begehrenswert zu sein.

Also – keine Angst vor dicken Bäuchen! Treib es noch heute mit einer schwangeren Auster. Und vergiß die Damm-Massage nicht!

Hey, leg mich flach!

Na schön, ich bin herausgefordert worden. Neulich abends war ich drüben bei Rita. Es gab Spaghetti und eine Dildoschau. Und Rita verlangte, in „Toys for us" zu Wort zu kommen.

„Erzähl deinen Leserinnen, daß, wenn diese faulen Fick-mich-Femmes nicht bald mal aus den Röcken kommen und sich revanchieren, einige von uns Butches sich mit anderen flotten Butches zusammentun und Schwule spielen werden."

Ich wählte meine Worte sorgfältig: „Ich nehme an, du bist eine Weile nicht gefickt worden." Als lesbische Genossin fühlte ich mit ihr. Aber als Femme, die ihre eigenen Ansichten zu diesem Thema pflegt, fühlte ich mich ein kleines bißchen gekränkt.

„Wer sind diese Femmes, von denen du sprichst? Meinst du die Zwanzigjährigen, die im Sommer ihr Coming-out hatten und noch keinen blassen Schimmer haben, wie sie Hand anlegen sollen?"

Mir war aufgefallen, daß Rita eine Schwäche für die Softball-Häschen der Saison hegte. Aber sie blieb dabei, daß das Problem nicht allein in der Unerfahrenheit läge. Also mußte ich tiefer graben.

„Was du da sagst, macht mir eine Gänsehaut. Ich frage mich, ob ich eine der Femmes sein könnte, von denen du redest. Ich bin schon mit Butches zusammengewesen, die genau wie du sagten, daß sie gern gefickt würden. Genauer gesagt lechzten sie danach. Aber zu versuchen, sie flachzulegen, ist ein Kampf ohne Ende. Sie wagen nicht zu zeigen, was sie wollen, geschweige denn, es auszusprechen, und ihre Vorstellung von erotischem Feedback beschränkt sich darauf, ‚Halt! Du machst das ganz falsch!' zu bellen. Keine anständige Femme würde sich jemals so benehmen. Und – hier kommt meine Lieblingsklage – was ist von einer Geliebten zu halten, die zugibt, daß sie Orgasmen hortet, um sie den Femmes darzubieten, die sie mit raffinierter Schliche dazu kriegen, ihre Beine breitzumachen? Also, ich habe keine Lust auf Zauberstückchen, und ich werde den Teufel tun, den ‚kostbaren Orgasmus' einer Butch wie das Ei der goldenen Gans zu behandeln."

Rita nahm mich fest am Arm, während sie widersprach: „Du weißt, ich rede nicht von dir. Und ich kenne keine Butches wie du sie beschreibst."

Wir waren in einer vertrauten Pattsituation. Wenn die eine fickt und die andere nicht, ist das ein ernstes Problem. Ich war mir nicht sicher, inwieweit das mit Butch-Femme-Konstellationen zusammenhängen könnte. Ich beschloß, einige meiner Butch-Freundinnen zu fragen, ob sie Rita zustimmten.

„Es gibt keine Femme, die einfach nur daliegt", meinte Cherry. „Wenn sie wirklich daläge wie ein Brett, könnte sie auch gleich aufstehen und etwas anderes tun. Ich meine, entweder du hast Sex, oder du hast keinen."

„Wenn die Leute sagen, ‚sie lag einfach nur da', wollen sie bloß vertuschen, daß sie selbst unfähig sind, zu sagen, was sie wollen. Das klingt nach Heteros, die eine Frau als frigide abtun – es schließt automatisch jede Möglichkeit aus, sich miteinander zu verständigen."

Meine Freundin Marie ließ außerdem durchblicken, daß die Butch teils schuld sei.

„Butch/Femme hat für mich mit Zugänglichkeit zu tun. Die Femme öffnet sich für die Butch, und die Butch rückt ihr zu Leibe, um sie zu nehmen. Genau das turnt mich an. Aber das heißt nicht, daß bei der Butch nichts abgeht. Ich will jedesmal kommen. Mein Butch-Sein steht nicht zwischen mir und meinem Orgasmus."

„Ich halte es für ein Generationsproblem", erklärte Karen, eine Freundin, die einer Diskussionsgruppe von Butches angehört. „Einmal kam diese zwanzigjährige Punk-Nummer zur Gruppe und sagte: ‚Was soll dieser ganze Stone-Butch-Scheiß? Vergeßt diesen Kram und kriegt endlich Orgasmen!' Also, die älteren unter uns sprangen ihr an die Kehle – es war, als ob sie überhaupt keinen Respekt vor uns und unserer Geschichte hätte."

Meine kurze Umfrage bestätigte die Ansicht, daß Stone-Butches in der heutigen Lesbenszene keine Rolle mehr spielen. Die Vorstellung, daß eine Butch ständig ihre Femme fickt und befriedigt, selbst aber nichts abkriegt, ist romantische Scheiße, aber nichtsdestotrotz Scheiße. Es ist eine Zweierkiste voller Ablehnung und Schuldgefühle. Orgasmen tun der Maskulinität einer Butch keinen Abbruch.

Was aber immer noch eine große Rolle spielt und wessen sich nur wenige brüsten können, ist, immer zu wissen, wie sie eine Frau befriedigen können oder wie sie zur Sache kommen.

„Meine erste Femme mußte mir beibringen, wie ich die Initiative ergreife", gestand Cherry. „Da war ich nun mit all meinem heißen Begehren, mit dem ich nichts anzufangen wußte, weil meine vorherigen Geliebten alles für mich übernommen hatten. Dann traf ich Cheryl. Unsere sexuelle Wellenlänge bestand darin, daß sie sich so weit zurücksinken ließ, daß es so aussah, als ob ich die Aktive wäre, wenn ich schließlich auf sie drauf fiel. So habe ich gelernt, butch zu sein."

„Butches haben diesen Butch-Stolz", erklärte meine Freundin Marnie. „Nach dem Motto: ‚Ich weiß, daß ich gut bin, und ich mach' alles, was du brauchst, um zum Ziel zu kommen, und wenn es die ganze Nacht dauert!' Eine Femme zu finden, die eine vergleichbare Begeisterung und Entschlossenheit aufbringt, ist ein Hauptgewinn."

Ich schüttelte verzweifelt den Kopf. „Aber ich will mich nicht die ganze Nacht von einer Egomanin ficken lassen!" erwiderte ich. „Es gibt einen Unterschied zwischen Begeisterung und Arroganz. Eine Menge erfahrene Femmes verstehen sich darauf, ihre Butches flachzulegen. Willst du behaupten, das sei ein Pflichtfach für Butches und bloß ein Wahlfach für Femmes? Das bestätigt wieder das Vorurteil, daß Femmes nichts können. Vielleicht sind wir einfach nur bescheidener ..."

Ja, ich habe diese letzte Bemerkung hinzugefügt, nur um sie zu ärgern. Aber je mehr ich über das Thema diskutierte, desto klarer wurde mir, daß das kein Wettstreit zwischen Butches und Femmes ist, sondern ein Frauenleiden. Männer sind uns eine ganze Pubertät weit voraus, in der sie den Rollenerwartungen entsprechend gelernt haben, beim Sex die Initiative zu ergreifen, diejenigen zu sein, die wissen, wie's geht, und dich zum Orgasmus bringen. Na ja, vielleicht sind sie nicht so erfolgreich, aber das Trainingsprogramm haben sie absolviert, geübt haben sie. Wenn eine Frau lernt, sexuell aktiv zu sein, nennt man sie entweder Hure ... oder Lesbe. Und unter Lesben heißt sie vielleicht Butch, selbst wenn sie ebenso wild darauf ist, ihre Beine breit zu machen, wie Frau Straps von nebenan. Begreift das, es ist eine reine Frauensache. Schwule Männer kennen das Problem nicht.

Die Identität der echten Butch hat viel mehr mit „genderfuck" zu tun als mit „wer fickt wen?". Oder, wie eine Butch-Freundin es ausdrückte: „Seit neustem wollen all meine Femmes, daß ich Reizwäsche trage."

„Und wie fühlst du dich dabei?" fragte ich.

„Teuflisch andersrum", antwortete sie, „wie eine Tunte. Aber sie wissen ja, was sie im Gegenzug dafür kriegen."

Seht ihr, was ich meine? Selbstvertrauen. Jede Frau kann eine kleine erotische Dosis davon gebrauchen. Schneidet euch vom anderen Geschlecht eine Scheibe ab, aber übertreibt es nicht!

Sextourismus in Amerika

„Heile die Kranken, speise die Armen." Ich hätte nie gedacht, daß ich mich dem Neuen Testament zuwenden würde, um ein Motto für Susie Sexperts länderübergreifende Lesereise zu finden. Und doch, hier habt ihr es. In diesem Land geht die Sexualerziehung kaum über die Geschichte vom Sperma und dem Ei hinaus. Infolgedessen besteht diese Nation aus sexuellen AnalphabetInnen. Unsere Rettung liegt in einer gesunden, hartnäckigen Neugier, und diese Begierde, alles wissen zu wollen, treibt so viele Menschen zu meinen Vorträgen, um mir diese kitzligen Sexfragen zu stellen, die sie sich einfach nicht aus dem Kopf schlagen können.

Was für Fragen? Tja, sie reichen von „Magst du Wäscheklammern an deiner Klit?" (Nein, aber es würde mir vermutlich Spaß machen, sie an deine zu klemmen!) bis zu „Was sagst du zu Lesben, die deine Arbeit kritisieren?" (Laß uns das besprechen, wenn du mit Masturbieren fertig bist.) Die Favoritinnen unter den Fragen zu Sex, die mir gestellt werden, betreffen Fisten, den G-Spot, weibliche Freudenspritzer, Bisexualität und Safer Sex. Zudem wenden sich Dutzende von alleinerziehenden und lesbischen Müttern an mich, um zu diskutieren, wie unsere Kinder mit uns aufwachsen und wie ihre Sexerziehung aussehen könnte.

Ottawa war ein typisches Beispiel. Ich habe eine Menge Städte wie Ottawa besucht. Sie bilden nicht gerade die Avantgarde der Lesben- und Schwulenbewegung, weisen aber doch eine vielfältige lesbische Bevölkerung auf, die sich anläßlich der seltenen Gelegenheit, über Lesbensex zu reden, zusammenfand. Wenn ich vor so einem Publikum stehe, sehe ich das ganze Spektrum, vom James-Dean-Verschnitt über die lesbische Bibliothekarin bis zum Punkmädchen im T-Shirt mit der Aufschrift: BRATS, *Butches and Bitches Revolting against Attitudes that Suck.*

Frage Nr. 1: Wie viele Frauen spritzen tatsächlich, wenn sie kommen? Keine kennt die genaue Antwort auf diese Frage, denn der weibliche Orgasmus wird weder systematisch erforscht noch per Volksbefragung statistisch festgehalten. Viel aufschlußreicher ist es zu fragen, wie viele Frauen überhaupt auf irgendeine Weise kommen. Spritzen ist ein Phänomen, das nur wenige Frauen erleben, obwohl neueste Studien zeigen, daß du es lernen kannst, wenn du herausfindest, wie du deine G-Spot-Gegend stimulieren mußt. Eine Frau aus Toronto, die sich nach der Lektüre der einschlägigen Selbsthilfe-Bücher eifrig an sich zu schaffen machte, lernte so erfolgreich zu sprudeln, daß sie einen hervorragenden Film über die ganze Geschichte drehte: *Nice girls don't.* Seht ihn euch an, wenn er beim nächsten schwullesbischen Filmfestival in eurer Gegend gezeigt wird.

Die nächste Frage stellte eine Frau, die fast ihre ganze Hand in die Vagina ihrer Freundin schieben kann – aber eben nur fast. Sie möchte gern ganz rein. Was also macht sie falsch? Für mich klingt das wie die lesbische Version der Frage: „Wie wäre der Sex, wenn mein Schwanz größer wäre?" Ich fragte also zurück: „Worauf willst du hinaus, wenn du Sex hast?" Das Guiness Buch der Rekorde wartet nicht vor eurem Schlafzimmer, bis du auch den Rest deiner Hand drin hast. Das einzige, was euch interessieren sollte, ist, was sich gut anfühlt und was euch beide aufgeilt. Je mehr ihr euch darum sorgt, wie sich ihre Möse weiter öffnen lassen könnte, desto hartnäckiger wird sie sich weigern. Erfolgreiches Fisten erfordert, daß sie sich entspannt, ihr verschwenderisch mit dem Gleitmittel umgeht und euch auf euer Vergnügen konzentriert, statt leistungs- und zielorientiert vorzugehen.

Die dritte Fragestellerin sprach unter vier Augen mit mir. Meine stereotypen Vorstellungen von lesbischen Müttern gerieten ins Wanken, als dieser Rotschopf in Lederjacke, die aussah, als sei sie einer dieser lesbisch angehauchten *Vogue*-Seiten entsprungen, auf mich zukam, um mit mir über ihre beiden Töchter zu sprechen.

Sie bezeichnete die Dreizehnjährige als „eingeschworene Hetera", die auf jede erdenkliche Weise gegen das Lesbischsein ihrer Mutter rebelliere. Aber die Neunjährige, sagte sie stolz, sei eine „kleine Lesbe", die ihrer Mami gar keine Sorgen gemacht habe – bis vor kurzem. Eines Tages räumte Mami die Spielsachen ihrer Tochter auf und fand die Barbie-Puppe ihres Lieblings mit Bindfaden gefesselt – Barbie in Bondage sozusagen.

Am folgenden Tag erwischte Mami ihre Tochter beim Spiel mit der Kleinen von nebenan, die sie auf einem Stuhl festgebunden hatte. Mami flippte aus: „Ich tu so was nicht! Ich weiß nicht, wo sie das her hat oder wie lange das schon so geht."

Dieses Familiendrama warf für mich mehr als nur eine ernsthafte Frage auf. Erstens ist es schon schlimm genug, Erwachsene sexuell in Schubladen zu packen. Ganz zu schweigen von Kindern. Die ältere Tochter rebelliert und kritisiert Mami, weil die Pubertät zur Hälfte daraus besteht, deine Eltern zu hassen. Wer weiß, welcher sexuellen Orientierung sie sich als Erwachsene zuwenden wird? Was immer es sein mag, es sollte nicht mit ihrem jugendlichen Beharren auf Unabhängigkeit verwechselt werden. Die Neunjährige hingegen orientiert sich noch am Vorbild ihrer Mutter, aber diese tut ihr keinen Gefallen damit, daß sie ihr einen Junglesbe-Button an den Kragen heftet. Wie viele andere Kinder hat sie Spaß an Spielen, die Gefahr, Spannung und Theatralisches beinhalten. Spielsachen und FreundInnen zu fesseln ist eine uralte Beschäftigung in der Phantasiewelt von Kindern. Mutter mag solche Spiele als Ausdruck von sexueller Orientierung oder als Bondage interpretieren, doch es ist wahrscheinlicher, daß die Tochter Spiele an sich ihr Leben lang beibehalten wird. Vielleicht wird sie sich anderen Spielen und Inszenierungen zuwenden, vielleicht wächst sie wirklich zu einer Frau heran, die auf erotische Fesselungen abfährt. Es gibt nichts, was ihre Mutter tun könnte oder sollte, um diese erotische Entwicklung zu durchkreuzen – ebensowenig wie heterosexuelle Eltern ihre Kinder daran hindern sollten, schwul oder lesbisch zu werden.

Ich schlug dieser Mutter vor, sich bei anderen lesbischen Müttern Unterstützung zu suchen. Jede von uns kann Geschichten von den sexuellen Interessen und der sexuellen Neugier ihres Kindes erzählen, die in den Augen von Erwachsenen, die dergleichen nicht gewohnt sind oder denen es an Wissen über die sexuelle und soziale Entwicklung von Kindern mangelt, oft unfaßbar scheinen.

Hier ist noch eine Frage, mit der ich in jeder Stadt konfrontiert werde: „Ist Safer Sex wirklich notwendig? Du spürst doch nichts mit einem Gummituch zwischen dir und deiner Geliebten."

Bedeutet dir deine Gesundheit etwas? Dann solltest du schleunigst anfangen, deine sexuelle Kommunikationsfähigkeit zu trainieren. Safer Sex ist nichts anderes als das: Kommunikation, das Ausleuchten eurer Risiken und Grenzen in jeder Situation, flexibel zu bleiben, dein Wissen auf dem aktuellen Stand zu halten und zu lernen, wie du kommen kannst, ohne dich einem unvernünftigen Risiko auszusetzen. Frauen bilden die am schnellsten wachsende Gruppe von HIV-Infizierten. In New York steht AIDS als Todesursache für Frauen zwischen achtzehn und vierunddreißig an erster Stelle. Versteck dich jetzt nicht hinter einer Kleinstadtlesben-Blasiertheit. Es gibt keine Stadt, in der ich auftrat, wo mich nicht eine HIV-positive Lesbe oder die Partnerin einer Positiven ansprach.

Frauen, die noch nie Latexsex ausprobiert haben, erkenne ich auf Anhieb daran, daß sie behaupten, sie „könnten nichts fühlen". In Chicago griff ich nach der Hand einer Frau, die sich gerade dementsprechend geäußert hatte. Ich streifte ihr einen

Latexhandschuh über. Dann nahm ich ihre verhüllten Fingerspitzen in den Mund und fing an zu saugen. Sie schnappte nach Luft. „Spürst du, wie heiß mein Mund ist?" fragte ich sie. Sie machte erstaunte Kulleraugen und nickte. „Spürst du, wie naß meine Zunge ist?" Sie sollte mir nicht ungeschoren davonkommen. „Ja", erwiderte sie ehrlich überrascht.

Sicherlich bereitet der Umgang mit Latex das eine oder andere Problem, aber „nichts zu spüren" ist keines davon. Ich habe keine Zeit, jede Ungläubige Thomasine der ganzen Amazonen-Nation zu lecken. Fangt also lieber selbst damit an.

Und schließlich werde ich häufig zu Kummer und Sorgen befragt, die mit dem Thema sexuelle Identität zusammenhängen. Häufig geschieht das in Form der Bisexualitätsfrage. Das Etikett „Bisexualität" hat seit den Hippietagen und der „jede mit jeder und jedem"-Mentalität eine lange Geschichte hinter sich. Offen gesagt, ist es dieser Tage sehr homo, bi zu leben. Die Gruppe der Bisexuellen beim diesjährigen Gay Pride Day in San Francisco wurde zahlenmäßig nur noch von der Gruppe der Suchtmittelfreien übertroffen. Die typische freimütige Bisexuelle unserer Tage ist nicht die Unerfahrene, die ein oder zwei lesbische Phantasien hegt. Sie sieht eher wie eine Lesbe aus, kann auf tiefgreifende sexuelle Beziehungen sowohl mit Männern als auch Frauen zurückblicken und identifiziert sich mit schwullesbischer Kultur und Politik. Also etwa wie Madonna, wenn sie offen lebte.

Ich habe noch nie an die Unantastbarkeit von Homo und Hetero als Kategorie geglaubt, obwohl wir sie ständig als Kürzel benutzen, um unsere Begierden und Standpunkte zu vermitteln. „Sexuelle Vorliebe" ist eigentlich ein sehr offener Begriff – eine Vorliebe muß nicht ausschließlich oder verbindlich sein. Sex-Erzieherinnen fassen den Begriff der Bisexualität gewöhnlich sehr weit, und ich meine inzwischen, daß Fragen der Bisexualität oft andere Probleme verschleiern, die eine Frau mit ihrer sexuellen Beziehung haben mag.

Jan, eine Studentin, erzählte mir von ihrer Affäre mit einer Lesbe, der sie es auf der Stelle gestanden hatte: „Ich bin bi. Kannst du das akzeptieren?” Die neue Geliebte versicherte beharrlich, das sei kein Problem, aber Jan fragte sie wieder und wieder, um sicherzugehen. Sechs Wochen später geht Jan mit einem Mann ins Bett. Sie gesteht es ihrer Geliebten, die ausflippt und sie rausschmeißt. „Das ist nicht fair”, meinte Jan, „sie hat behauptet, mit meiner Bisexualität klarzukommen, aber das stimmte nicht.”

Ich meine, daß diese Geschichte gar nicht viel mit Bisexualität zu tun hat. Finge ich eine Liebesbeziehung mit einer Frau an und wollte sie ganz für mich allein haben, erschiene es mir als Bedrohung, wenn sie mit anderen ins Bett gehen wollte, egal, ob mit Männern oder Frauen. Als Jan ihrer Geliebten sagte, sie sei bisexuell, ging es ihr im Grunde um etwas ganz anderes. Jan wollte keine monogame Zweierbeziehung, sie wollte mit anderen Leuten ins Bett gehen. Ihre Geliebte mag mit Bisexualität gar keine Probleme haben – vielleicht hegt sie sogar selbst das eine oder andere bisexuelle Gefühl –, aber sie wollte mit Jan eine monogame Beziehung leben.

Spielchen mit „bisexueller Rhetorik”, pro oder contra, können leicht Ersatzcharakter annehmen: Sie können als Ersatz dafür dienen, über Eifersucht oder die eigenen tiefsten Wünsche für eine Beziehung zu reden. Es ist nicht so leicht, dir selbst gegenüber ehrlich oder politisch korrekt zu sein, wenn du mit deiner Geliebten klärst, wie du dir eure Beziehung genau vorstellst. Eine sexuelle Orientierung zu akzeptieren ist nur ein kleiner Teil davon.

Ich hoffe, daß ich eine dicke sahnige Schicht sexuellen Heils über die fünfzehn Städte verteilen konnte, die ich zwischen Oktober und November 1990 besuchte – auch wenn es nicht das letzte Mal gewesen sein wird, daß ich meine Runde drehe.

Und an „Stif” in New York, die mir einen Latexhandschuh mit der Nachricht „Ich will dich ficken!” reichte: Machst du auch Hausbesuche in Kalifornien?

Leck mich doch ...!

In den sieben Jahren, in denen ich über lesbischen Sex geschrieben habe, habe ich dem Oralsex nie ein Essay gewidmet. Obskuren Sexspielzeugen schon, ebenso der Geburtshilfe, aber niemals dem Cunnilingus.

Wie läßt sich dieses unbeleckte Schweigen begründen? Ich will es euch buchstabieren: S-T-E-R-E-O-T-Y-P. Im Bewußtsein der Öffentlichkeit werden Lesben auf sexlose Schrullen und Wohltäterinnen reduziert – abgesehen von einer kitzeligen Kleinigkeit: Wir besitzen den Ruf, exzellent Mösen zu schlecken. Es heißt, wir beherrschten das Geheimnis von Zunge-auf-Klit auf eine Weise, die Heteromänner nur offen staunen läßt. Unsere Sexsessions stellen sie sich als lange, luxuriöse Zungenbäder vor, die multiple Orgasmen produzieren, während im Hintergrund kleine Glöckchen läuten. Ihr wißt, was ich von diesem Geklingel halte – ich würde lieber einige Mösen rasseln lassen.

Meine bewußt schroffe Abfertigung des lesbischen Oralsexes ist als politische Strategie zu verstehen. Ich möchte auf diese Weise die allgemein herrschende Vorstellung, was lesbischer Sex ist, erweitern. Das hat nichts mit meinem persönlichen Geschmack zu tun. Ich bin schon bis zur himmlischsten Unterwerfung geleckt worden und habe nach Herzenslust an den Klits anderer gesaugt. Aber es bedurfte eines wohltuenden Schocks für mein Glaubenssystem, damit ich kapierte, daß das Stereotyp der lesbischen Oralexpertin längst nicht so felsenfest verankert ist, wie ich gedacht hatte.

Ich mußte zu meinem Entsetzen feststellen, daß diese lesbischste aller Praktiken, die völlig dem Vergnügen und nicht der Fortpflanzung dient, in Gefahr ist, zum Spezialgebiet von Heteromännern zu werden. Göttin, steh mir bei!

Vorigen Monat war ich auf der jährlichen Porno-Messe in Las Vegas. Das ist immer eine hervorragende Gelegenheit, mich mit meinen Lieblings-Pornostars zu treffen. Die Sexvideo-Darstellerin Jeanna Fine, seit fünf Jahren Leserin von *On Our Backs,* jammerte mir die Ohren voll, welch große Schwierigkeiten sie habe, scharfe Geliebte zu finden. Diese Frau hat garantiert mehr Sex mit Frauen praktiziert als die durchschnittliche Lesbe, und dennoch klagte sie, daß sie so selten eine Frau fände, die tatsächlich und ernsthaft an ihr zur Sache gehen wolle. Es gäbe eine Menge schmachtendes Augenverdrehen und schüchterne Zärtlichkeit, sagte sie, aber kaum echte Orgasmusentwicklung. Ich nickte und dachte bei mir, ich kenne das Gefühl, wählerisch zu sein, als sie mir den großen Schlag versetzte.

„Kürzlich habe ich mit Samantha Soundso einen Film gedreht", sagte Jeanna, „sie konnte fast so gut lecken wie ein Mann."

So gut wie ein WAS? Ich griff nach ihrer Hand, und sie bemerkte meine Ungläubigkeit.

„Na ja, die meisten sind einfach zimperlich, weißt du. Sie sind nicht so wie die Frauen in *On Our Backs."*

Okay, vielleicht leidet das Pornogeschäft neben all seinen anderen Nöten unter einer solchen Fluktuation, daß heterosexuelle Starlets nie lange genug dabeibleiben, um angelernt zu werden und ihre Homophobie zu überwinden. Aber ich glaube, daß diese Einschätzung auch außerhalb des Pornobusiness Zustimmung finden wird. Sie weist insofern ein Körnchen Wahrheit auf, als wir es nicht automatisch lieben, Mösen zu lecken, nur weil wir selbst eine besitzen.

Wir müssen den erzieherischen Grundsatz unserer Kindheit überwinden, der da hieß: Genitalien sind bestenfalls geheimnisvoll und schlimmstenfalls abstoßend. Wir sind einen ganz schön großen Schritt weiter, wenn wir erst einmal den Geruch und den

Geschmack von Pussy – unserer eigenen oder der einer anderen – genießen.

Pussylecken ist eine aggressive, bewußt ausgeführte und beharrliche Praktik – alles Eigenschaften, die Frauen durchaus haben, die aber meistens Männern zugeschrieben werden. Geleckt zu werden ist keine Bilderbuch-Romanze. Du wirst nicht in den Armen gehalten, niemand blickt dir tief in die Augen. Der Blick gräbt sich in deine Möse, die Arme werden gebraucht, um deine Schenkel zu spreizen. Als meine ersten Geliebten mich leckten, fühlte ich mich unbehaglich und befangen. Ich dachte, wenn ich ein paarmal mit den Augen klimperte und einige stöhnende Seufzer hauchte, würden sie wieder zu mir ans Kopfende des Bettes kommen. Entschlossene Cunnilinguistinnen lehrten mich eine andere Lektion. Sie ließen sich weder etwas vormachen, noch konnte ich mich entziehen. Entweder ich ritt auf ihren Mündern, schlug alle Hemmungen in den Wind, bis ich schamlos und an ihren Haaren zerrend kam, oder sie wußten, daß ich sie zu täuschen versuchte. Auf diese Weise entwickelte ich Respekt vor Oralsex – nicht als seichte Vorspielerei oder als Geste in Richtung sexueller Vielfalt, sondern als mösen- und bewußtseinsstärkenden Akt.

Worin besteht nun der Unterschied zwischen Frauen und Männern, was die Kunst des oralen Sexes angeht? Ähnlich wie bei anderen körperlichen Vergleichen, die zwischen Frauen und Männern angestellt wurden, würde ich sagen, daß Männer die Technik genausogut hinkriegen können wie Frauen. Doch was das Durchhaltevermögen betrifft ... gewinnen eindeutig die Frauen. Beim Martini im persischen Restaurant *Aub Zam Zam* gestand mir meine Lieblingsfotografin für *On Our Backs:* „Pussy zu lecken ist für mich wie ein Traum – und ich möchte nie, daß er aufhört."

Ich möchte den technischen Aspekt an dieser Stelle nicht vernachlässigen. Ich habe in der Tat eine neue Theorie zur Zungentechnik, die ich mit meiner Freundin Linda Shirley aus Portland, Oregon, diskutiert habe. Beziehungsweise mit der „Magischen Zunge Linda Shirley", wie sie in diesem Zusammenhang genannt werden möchte.

„Ich meine, es wird zuviel Aufhebens darum gemacht, daß du genau den richtigen Quadratmillimeter der Möse deiner Freundin leckst", sagte ich zu ihr. „Wenn du fünfzehn Minuten mit Verkehrsregelung zubringst – ein bißchen mehr links, nein höher, nein nicht so fest, Kinn hoch, Nase nach vorn –, verschwendest du meines Erachtens deinen Atem. Erfolgreiches Lecken beruht auf Wiederholung, auf der unablässig gleichen Bewegung."

„Ich würde es lieber Rhythmus nennen", sagte Linda.

„Schön", erwiderte ich, „und die einzig wahre Herausforderung, mit der du beim Lecken konfrontiert bist, ist der Zeitpunkt, wenn sich deine Geliebte dem Orgasmus nähert. Ihre harte Klit zieht sich zurück. Jetzt mußt du den Druck erhöhen." Ich ziehe es vor, mich in die richtige Stellung zu schlängeln und es mir machen zu lassen, bis es klickt, statt ausführliche Wegbeschreibungen zu geben.

Linda flehte mich an, nicht zu verallgemeinern. Sie machte mir sogar ein Angebot. „Also gut, ich lecke dich drei Stunden lang an der falschen Stelle, und wir werden sehen, ob du kommst." Sie beharrte darauf, daß es unerläßlich sei zu wissen, wie es deine Geliebte mag, egal, wie es dir mitgeteilt wird.

Ich muß sagen, ihre Ansicht wie auch ihr Angebot verlockten mich. Ich ließ sie wissen, daß ich lieber geleckt als gesaugt werde, weil mir klar wurde, daß ich einen dreistündigen „Blow-job" nicht ertragen würde. Linda hinterließ bei mir die Erkenntnis, daß Geduld notwendig, Gespür aber unentbehrlich ist.

Ganz abgesehen von technischen Aspekten hat Oralsex einen schlechten Ruf als Vanilla- oder Blümchensex bekommen. Doch das gute alte „Runter auf die Knie und mach's mir" ist die beliebteste dominant-submissive Betätigung, die es gibt. Sie lebt von der Leidenschaft, nicht davon, daß zwei zur selben Zeit mit der gleichen Geschwindigkeit das gleiche aneinander machen. Oralsex ist ein schönes Beispiel für nicht-gleichberechtigte Sexpraktiken und bestens geeignet für S/M-Szenarios beider Konstellationen. Verschwendet nicht meine Zeit mit der Diskussion über 69. Die meisten Leute, die versuchen, auf deinem Gesicht zu sitzen, während sie dabei sind, dich von oben nach unten zu lecken, wollen bloß angeben. Ich kann ganz gut ohne Akrobatik und Doppeldildos leben – vielen Dank!

Es ist ein aufregendes Gefühl, wenn dir eine Frau ihre Lippen, ihren Mund widmet. Es ist wie ein Geschenk, wenn du nach deinem Orgasmus an ihre Möse faßt und spürst, wie naß es sie macht, dich zu befriedigen. Wir lecken einander im Stehen oder vornübergebeugt, die Arme festgehalten, oder während uns gleichzeitig Finger ficken, in Reizwäsche oder Boxershorts, mit angehaltenem Atem oder hemmungslosem Schreien. Wenn ich im Mund einer Frau gekommen bin, fühle ich mich oft hin- und hergerissen zwischen dem Wunsch, mich vor ihr zu verneigen oder ihr eine zu scheuern. Mir tun all die kleinen Porno-Starlets leid, die lesbische Szenen spielen und Angst haben vor dem, was zwischen ihren Beinen liegt. Heteras geraten nämlich ins Zweifeln, wenn eine geübte Lesbe zum erstenmal ihre Klit zwischen den Lippen hält, und für viele experimentierfreudige Lesben ist unser Mund der Ort, wo das Abenteuer beginnt.

Glossar

zusammengestellt von Birgit Scheuch

Alligator-Brustklemmen
eine scharfzackige, „zubeißende" Variante meist verstellbarer Nipples- oder „Brustwarzen"-Klemmen, auch Tittenklemmen (tit clamps) genannt.

BRATS
Butches and Bitches Against Attitudes That Suck; sinngemäß: Butches und Luder gegen Ansichten, die zum Kotzen sind.

Butch / Femme
entspricht etwa dem deutschen Kesser Vater/Femme. Dieses tradierte lesbische Spiel mit Geschlechteridentität wird oft als ein Nachäffen heterosexuellen Rollenverhaltens betrachtet. Tatsächlich sollte es als ein eigenständiger lesbischer Ritus anerkannt werden, der genau dem Gegenteil, nämlich der Dekonstruktion normierter Rollen und dem vielseitigen Ausdruck lesbischer erotischer Energie dient.

Dildoharnisch / Dildoharness / Körperharness
Konstruktion aus Lederriemen und Ringen bzw. Verschlüssen. Der Dildoharness ist zum Anbringen des Dildos auf dem Venushügel gedacht; der Körper- oder Brustharness zum Fesseln oder Aufhängen der Person oder einfach als Körperschmuck.

Dental Dams
Latexvierecke; sie entstammen ursprünglich der Zahnchirurgie (Kofferdamm), dienen u.a. beim Safer Sex zur Absicherung beim Lecken.

Frischhaltefolie
wird gelegentlich als praktischer Ersatz für die kleinen, etwas dickeren Dental Dams gepriesen. Ihre Undurchlässigkeit für das HI-Virus wurde bislang erst im Fall eines amerikanischen Markenprodukts nachgewiesen. Billigfolien verbieten sich von selbst, schon allein weil sie zu leicht reißen. Eine Überprüfung hierzulande erhältlicher Produkte wäre wünschenswert (Ladies, bitte keine Selbstversuche!), weil die Meterware von ihrer Breite her wesentlich attraktiver und natürlich auch billiger ist als Dental Dams. Vorerst empfehlen sich aufgeschnittene Kondome als gefühlsechtere Variante.

Gay Pride Day
schwullesbischer Feiertag in Erinnerung an den Aufstand von Lesben und Schwulen in der New Yorker Bar *Stonewall* im Jahre 1969. Allen voran beendeten die Tunten dort durch ihren mutigen Widerstand die Praxis der polizeilichen Razzien. Entspricht dem hiesigen *Christopher-Street-Day,* benannt nach der Straße, in der das *Stonewall* war. In San Francisco beteiligen sich jedes Jahr nahezu eine halbe Million Menschen an dem Spektakel.

Genderfuck
das Spiel mit Geschlechterrollen. Endlose Variationsmöglichkeiten, zum Beispiel: eine Butch, die sich als schwuler Kerl verkleidet, um von ihrer Femme-Freundin zum „Heterosex" verführt zu werden.

Gleitmittel
eigentlich nichts weiter als Tapetenkleister: Methylcellulose in Wasser. Zwar könnte sich jede ihre Portion auch selbst anrühren, aber wer möchte schon zwanzig Minuten beim Quellen zusehen. In Apotheken und Sexshops gibt es verschiedene Produkte, denen Duft- und Konservierungsstoffe zugesetzt sind.

In der Apotheke sind hierzulande das verhältnismäßig teure *Femilind* und das etwas dickflüssigere *KY-Jelly* erhältlich. Im Sexshop, oft auch bei den AIDS-Hilfen und in Beratungsstellen, gibt es *Softglide Maskulin* in größeren Flaschen und Einwegportionen, die auch dem berüchtigten *Cruising Pack* beigefügt sind. Lesben sollten sich von dem „Maskulin" nicht irritieren lassen, es existiert auch eine „Feminin"-Variante, die sich einzig durch einen zusätzlichen Duftstoff unterscheidet.
Weitere aus den USA eingeführte empfehlenswerte Produkte heißen *Foreplay* (enthält Nonoxynol-9, einen spermiziden Stoff, der vermutlich auch die Infektionsgefahr mit HIV reduziert, auf den manche Frauen allerdings allergisch reagieren) und *Probe,* welches sich als eines der verträglichsten Produkte herausgestellt hat.

Good Vibrations

Vor zehn Jahren gründete Joani Blank diesen ersten Sexshop, der sich speziell den sexerotischen Bedürfnissen von Frauen widmet. Susie Bright arbeitete dort mehrere Jahre als Ein- und Verkäuferin. *Good Vibrations* bietet neben Vibratoren und anderen Sexspielzeugen auch Videos, Bücher und Safer Sex-Materialien an und ist in den USA weit über San Francisco hinaus bekannt.

G-Spot

zu deutsch G-Punkt oder Gräfenberg-Punkt, der allerdings kein Punkt, sondern eine mehrere Quadratzentimeter große Stelle oberhalb des sogenannten Schambeins ist. Zahllose Frauen kennen ihn seit Urzeiten, doch für die Wissenschaft gilt ein Herr Gräfenberg als Entdecker, und flugs wurde er nach ihm benannt. Der Name erhitzt zahllose Frauengemüter, ebenso wie die „weibliche Ejakulation", die durch seine Stimulierung hervorgerufen werden kann. Feministische Alternativvorschläge lauten Göttinnen-Punkt bzw. Freudenfluß. Letzteres beschreibt den Vorgang allerdings nicht ganz korrekt, denn die Flüssigkeit, die beim Ejakulieren abgegeben wird, kann ganz gewaltig spritzen – also vielleicht sagen wir lieber Freudenfontäne. Mein Vorschlag zur Wiederaneignung des G-Spots: Nennt ihn nach der, die ihn bei euch entdeckt hat, in meinem Fall also B-Punkt.

„in drag"
Travestie, z.B. auch Butches, die sich als Femmes verkleiden, und vice versa.

k.d. lang
Als Susie Bright k.d. lang kennenlernte, trat die Musikerin noch nicht als lesbische Künstlerin vor ihr Publikum. Erst in der Juni-Ausgabe (1992) der überregionalen US-Homozeitschrift *The Advocate* legte k.d. lang ihre sexuelle Orientierung offen. Inwieweit sich das Coming-out auf k.d.s Sexleben auswirkte, ist uns nicht bekannt.

Nipples
engl. Bezeichnung für Brust„warzen".

On Our Backs
wurde als erste „Sexzeitschrift für die abenteuerlustige Lesbe" 1984 in San Francisco gegründet und erscheint heute alle zwei Monate.

Piercing/Piercen
Damit ist das Durchstechen der Haut und das eventuell anschließende Anbringen von Schmuck gemeint. Das älteste Piercing ist wahrscheinlich der Ohrring, doch auch Nabelringe und Intimschmuck weisen in verschiedenen Kulturen eine lange Tradition auf. Piercing ist gegenwärtig stark im Kommen, vor allem in Form

von Lippen-, Zungen-, Nasen- und Augenbrauenringen; am übrigen Körper vor allem Piercings der Nipples, der Klitvorhaut und der „Scham"lippen.

Queen
entspricht der Tunte, hat allerdings in ihrer Zweideutigkeit (Königin) einen zusätzlichen Reiz.

Stone Butch
Eine Butch, die sexuell ausschließlich an der Befriedigung ihrer Femme interessiert ist. Stone Butches spielten in der Lesbengeschichte bis vor wenigen Jahrzehnten noch eine große (und anerkannte) Rolle. Heute existiert diese sexuelle Verhaltensweise oder Beziehungsform kaum noch.

Stormy Leather
Die erste lesbische Lederwerkstatt ist immer noch in San Francisco ansässig, seit 1990 jedoch in eigenen Ladenräumen mit einem erweiterten Angebot an erlesenen Sexspielzeugen.

Strip-Tease
Ablegen der Kleidung (to strip) und im wesentlichen auch das Anheizen, das sexuelle Anturnen der Zuschauerin (to tease).

Twister
ein populäres amerikanisches Spiel: Die MitspielerInnen müssen nacheinander jeweils einen Körperteil auf ein Spielfeld (ca. 2 mal 2 Meter) mit farbigen Kreisen setzen. Wo Arm, Bein oder Bauch hin muß, bestimmt der Würfel; dadurch kommt es zu reichlichen Verrenkungen und reizvollen Überlagerungen.

Quellennachweis

Sämtliche Beiträge erschienen ursprünglich in der Zeitschrift *On Our Backs*. Wir danken Blush Entertainmant Corp. für die freundliche Erlaubnis, die letzten vier Texte in diese Anthologie aufzunehmen.

1. Das erste Mal, *The First Time,* Sommer 1984
2. G-Spot-Zipperlein, *G-Spot Jitters,* Herbst 1984
3. Machen Vibratoren süchtig? *Vibrator Addict,* Winter 1985
4. Pack's ein – ich nehm's!; Eine Butch ist eine Butch ist eine ... , *Pack it up, I'll take it,* Frühjahr 1985
5. Alles im Arsch, *Ass Forward,* Sommer 1985
6. Was haben Heteras bloß an sich? *What is it About Straight Women?* Herbst 1985
7. Party Snacks, *Party Favors,* Winter 1986
8. Gruppendynamik, *Get into the Group,* Frühjahr 1986
9. Gurken und andere Südfrüchte, *Rub-A-Dub Gumbo,* Herbst 1986
10. Faust im Spiel, *A Hand in the Bush,* Winter 1987
11. Verbrechen wider die Natur, *Crimes Against Nature,* Sommer 1987
12. Verdammt, Madame! *Dam it, Janet!* Herbst 1987
13. Fisting II, *Fisting Two,* Winter 1988
14. Sex macht erfinderisch, *Machine Crazy,* Sommer 1988
15. Gay Day Mama, Herbst 1988
16. Invasion vom Planeten der Girls, *Invaders from Girl World,* Januar/Februar 1989
17. China Girl, *Great Balls from China and Other Tall Toys,* März/April 1989
18. Weg mit den Samthandschuhen! *Over the Dam,* Juli/August 1989

19. in & out, *A Star is Porn,* September/Oktober 1989
20. Absolut bestechend, *Absolutely Pierced,* November/Dezember 1989
21. Berühmte lesbische Dilemmas, *Famous Lesbian Dilemmas,* Januar/Februar 1990
22. Guter Hoffnung, *What to Expect,* März/April 1990
23. Kreißende Lesben, *Lesbians in Labor,* Juli/August 1990
24. Hey, leg mich flach! *Hey, turn me over!* November/Dezember 1990
25. Sextourismus in Amerika, *Clits Across America,* Januar/Februar 1991
26. Leck mich doch ...! *Muff-O-Mania,* März/April 1991

Die Autorin

Susie Bright, die Nr. 23 unter den „62 Gründen, Amerika zu lieben" *(Minneapolis Weekly),* ist eine der bekanntesten erotischen KritikerInnen und lesbischen Sexerzieherinnen der USA. Sie war Mitbegründerin und Herausgeberin von *On Our Backs,* der „Zeitschrift für die abenteuerlustige Lesbe" und hat zwei Erotica-Anthologien herausgegeben. Die hier veröffentlichten Texte schrieb sie für die Kolumne „Toys for us" in *On Our Backs.*

Die Übersetzerin

Birgit Scheuch versuchte drei Jahre lang einen Verlag für dieses lesbische Standardwerk zu finden. Leider kann sie jetzt bei ihren Sex-Workshops „Frau nehme – Rezeptclub für Sexgourmettes" nicht mehr mit derselben Inbrunst wie früher über die generelle Ignoranz der deutschsprachigen lesbischen Verlagsszene klagen. Ansonsten engagiert sie sich auch weiterhin gegen lesbische Beschränktheit.
Die Übersetzerin dankt Ahima Beerlage und Barbara Merziger für ihre engagierte Unterstützung.

Die Einführende

Laura Méritt, lesbische Sexarbeiterin in der Hurenbewegung, Mitclit des eigennützigen Vereins „Nutten & Nüttchen" sowie Performanze im SEXARBEITERINNENTHEATERTRUPP I „Die bösen Mösen". Mitgründerin des 1. Lesbischen Escort-Services *Club Rosa,* Berlin. Unterhält internationale Lochpflegschaften und treibt Drittkittelforschung speziell zu verbalem und nonverbalem Sex.

Die Fotografin des Coverfotos

Ines de Nil, geboren 1947, Fotografin, Malerin, Grafikerin, bearbeitet Körper und Gefühle in der Tradition von Rubens, Dix und Walt Disney.

Originaltitel: Susie Sexpert's Lesbian Sex World
Published in the United States by Cleis Press Inc., P.O. Box 8933,
Pittsburgh, Pennsylvania 15221, and
P.O. Box 14684, San Francisco, California 94114.

Die Deutsche Bibliothek – CIP-Einheitsaufnahme
Bright, Susie:
Susie Sexperts Sexwelt für Lesben / Susie Bright.
Aus dem amerikan. Engl. von Birgit Scheuch. –
Berlin : Krug & Schadenberg, 1993
ISBN 3-930041-01-4

Heimstraße 19, 10965 Berlin

2. Auflage 1993

Übersetzung: Birgit Scheuch
Lektorat: Andrea Krug
Gestaltung: Dagmar Schadenberg
Druck: Clausen & Bosse

Nr. 1 • 10/93
DM 15,-
Austern